LA ESTRELLA DE HOFFMAN
(El rapto de Gloria Mae)

LA ESTRELLA DE HOFFMAN
(El rapto de Gloria Mae)

Joe O'Curneen

Teatropo

Teatropo

LA ESTRELLA DE HOFFMAN
(El rapto de Gloria Mae)

© del texto: Joe O'Courneen
© de la edición: Teatropo, Olé Libros, 2024
Coordinadora editorial: Susana Sierra
Corrección de estilo: Susana Sierra
Correción de maquetación: Paloma E. Albarracín
© Foto de portada: Sutterstock
© Foto del autor: Loren Martin

Consejo editorial Teatropo: Álvaro Martín, Francho Aijón, Natalí Llacsa, Paloma E. Albarracín y Susana Sierra.

ISBN: 978-84-10053-81-6
Depósito legal: V-3733-2024
Impreso en España

KALOSINI, S. L.
Grupo e olélibros
equipo@olelibros.com
www.olelibros.com

To Dad and Mom

ÍNDICE

PRÓLOGO

Joe O'Curneen es irlandés pero es español (y aun madrileño). Es un autor novel, pues publica por primera vez, pero es un dramaturgo que ha estrenado en más de cincuenta países ante centenares de miles de espectadores. Está considerado uno de los máximos especialistas mundiales en teatro gestual y humor sin palabras, pero nos ofrece aquí un absorbente drama repleto de dobles sentidos, ironías y misterios lingüísticos que juegan con el riquísimo y, en ocasiones, desasosegante contraste entre lo dicho y lo sugerido.

Esta capacidad de ser una cosa sin dejar de ser la complementaria, si es que no la contraria, es una característica no solo del autor, sino de su obra. *La estrella de Hoffman (El rapto de Gloria Mae)* es un inquietante y apasionante texto policiaco con un crimen (o varios), una investigación y una resolución, que incluye el descubrimiento y castigo del culpable (o culpables). Pero es también un drama psicológico a propósito de la visión distorsionada de la realidad o de los distintos niveles de realidad en los que podemos movernos y que no siempre son compatibles. Y, asimismo, es una relectura contemporánea de los mitos que nos plantea la dialéctica entre determinismo y voluntad, entre la sumisión a un destino prescrito al que nos guían fuerzas que no vale la pena combatir, la previsión y asunción de unos actos, y sus consecuencias de manera estratégica y personal. Es, en cualquiera de los casos, una obra insólita, profunda, tan entretenida como la mejor de las muchas piezas de Yllana (el célebre grupo teatral del que O'Curneen es socio fundador) y tan compleja como suelen ser las creaciones de los grandes maestros.

El subtítulo de *La estrella de Hoffman* es *El rapto de Gloria Mae* y remite al arranque argumental: la joven Gloria Mae ha permanecido diez años oculta en un sótano tras ser raptada por un hombre a veces llamado Él y otras Capitán; un inspector (el Agente) y una médico forense (la Mujer) colaboran en el descubrimiento del escondrijo y acceden para liberar a Gloria. El desarrollo de la trama podría seguir los cánones del género negro, y hasta cierto punto lo hace, porque, en la época de su apogeo, este género no era tanto diáfano y analítico cuanto turbio y psicoanalítico, usando un juego de palabras para apelar a tantos personajes torturados, fatales y un tanto desquiciados, brutales y enloquecidos, aunque fascinantes.

Si en vez de centrarnos en la investigación lo hacemos en el secuestro, *La estrella de Hoffman* nos remite más a *El coleccionista* de John Fowles y la versión de William Wyler que a *Misery* de Stephen King, aunque también: ¿por qué el Capitán secuestra a Gloria? ¿Simple placer por dominio, acaso deseo sexual, quizás amor? O'Curneen hace que todas las posibilidades se sucedan e incluso le añade un toque propio de *El sirviente*, sea la novela de Robin Maugham, el guion de Harold Pinter o la película de Joseph Losey: ¿el personaje aparentemente más débil puede llegar a dominar al más fuerte? ¿Y si es una trampa urdida por el fuerte para que el débil se crezca y destruirlo después? Pero llega más lejos, hasta Calderón, y nos propone un nuevo Segismundo: ¿y si todo es un sueño? ¿O no lo es, pero sí un engaño? Y, entonces, ¿quién engaña a quién? ¿Estamos asistiendo al delirio de una víctima que necesita evadirse mediante la fantasía? ¿O acaso no es un ensueño sino una pesadilla donde todo puede empeorar? ¿Está siendo manipulada para que no distinga la verdad de la mentira? ¿Es ella la manipuladora y construye una ficción para confundir a sus libertadores? ¿Estos últimos son policías reales o están colaborando de alguna manera en el secuestro?

Joe O'Curneen hace que dudemos de lo que ocurre y de quién lo causa, pero también de dónde sucede: ¿es el sótano de una casa? En tal caso, ¿dónde estaría? ¿Ha salido Gloria alguna vez de allí? ¿Puede salir ahora? ¿Qué buñuelesco ángel exterminador retiene a Gloria y al Agente? ¿Por qué no se van y ponen fin al cautiverio? ¿No pueden o no quieren? ¿Qué hay al otro lado de la puerta, en el piso de arriba, más allá de este lugar? ¿Por qué no se lo preguntan? ¿Por qué, si se lo cuestionan, no se deciden a subir la escalera? ¿Será que la referencia no es Buñuel, sino Buero Vallejo, y lo que parece un sencillo sótano forma parte de algún tipo de institución como en *La Fundación*? ¿Y si no salen por la misma razón que retenía a los personajes de Sartre en el infierno de *A puerta cerrada*?

Todas estas dudas van surgiendo conforme avanzamos en la lectura de *La estrella de Hoffman*. Incluso podemos pensar que el título nos habla de E. T. A. Hoffmann y que estamos ante un relato lúgubre y demoníaco tipo *El hombre de arena*, donde Gloria, como Olimpia, como Coppélia, no es lo que parece, sino otra cosa, algo distinto, no necesariamente mejor ni peor. Pero la estrella de Hoffman, o signo de la mina de boca de Hoffman, es un término propio de la medicina forense que se refiere a la forma estrellada de la herida producida por un arma en contacto con la piel de un cráneo. No se trata, pues, de un eco del romántico alemán, que además no se escribe igual, pero apetecería que así fuese y quizá lo sea, por eso de que aquí una cosa puede ser otra sin dejar de ser ella misma.

Joe O'Curneen juega con éxito a darnos distintos planos de lectura de su obra. Lo hace ya antes de entrar en el texto: con el título y también con los epígrafes. La cita a propósito del sueño de un hombre proviene del cuento de Borges *Las ruinas circulares*, donde un soñador construye un hombre de sueño que cree ser hombre real, pero que no tiene la capacidad de quemarse con el fuego..., lo mismo que le ocurre al soñador que descubre, así, ser el sueño de otro. El autor no pretende aclararnos nada con esta remisión a Borges: al contrario, nos dice que podemos hacer una lectura literal de su obra o buscar en ella algo más y que, en tal caso, lo encontraremos, pero a lo mejor nos equivocamos, aunque igual sí que acertamos; ¿cómo saberlo? ¿Lo sencillo y fácil es siempre más verdad que lo rebuscado? ¿Y qué ocurre si es al revés? Si dudamos de que Gloria sea una víctima, ¿no la estaremos victimizando aún más siguiendo una estrategia de Capitán? ¿No estaremos siendo cómplices? Pero ¿y si no es una víctima? ¿Lo seremos nosotros?

El otro epígrafe proviene del *Himno homérico a Deméter*, que quien no lo conozca pensará que lo ha escrito Homero cuando no es así. De haber existido Homero (que esa es otra) lo habría hecho en el siglo VIII a. C., pero este himno, el más antiguo de los que en su día fueron considerados homéricos, es del s. VII a. C. y tampoco es probable que lo escribiese una única persona, cosa en lo que sí coincide con la *Ilíada* y la *Odisea*. El himno es el primer relato que nos queda acerca del rapto de Perséfone por parte de Hades y de cómo su madre Deméter pide autorización a Zeus para rescatarla de los infiernos. Pero Hades ofrece a Perséfone una granada para que coma de ella antes de devolverla a su madre, sin advertirle de que nadie que coma de los frutos del infierno podrá vivir fuera de allí. Por ello, Zeus permitirá que Perséfone esté ocho meses cada año junto a su madre (otras tradiciones hablan de solo seis meses) mientras que el resto del tiempo deberá pasarlo con Hades. En el himno hay una interpolación (quizá de un posible segundo autor), donde Deméter, dolida y que vaga por la tierra dejándola yerma, se disfraza y es acogida por Céleo, rey de Eleusis. Agradecida, cuida de su hijo Demofonte y, en secreto, intenta convertirlo en un dios de permanente belleza y juventud mediante el fuego, pero la reina Metanira lo descubre antes de que pueda concluir la transformación y chilla para detenerlo. Deméter se enfada, desvela su identidad y exige que se le construya un templo donde se desarrollen unos ritos que serán los famosos misterios eleusinos.

La devolución de Perséfone a Deméter aplaca la cólera de la diosa y con ello retorna la fecundidad a la tierra y se aplica la enseñanza de la agricultura. Deméter viene a ser la espiga y Perséfone el grano. Son la abundancia de la primavera y la recolección del verano, mientras que el tiempo en que Perséfone está de regreso con Hades es el descanso de la tierra, el invierno, preparándose para comenzar de nuevo el ciclo de la vida.

¿Por qué Joe O'Curneen inicia *La estrella de Hoffman* con el enviado de Zeus a Hades sacando a Perséfone de «la oscuridad tenebrosa» y llevándola junto a su madre? ¿Por qué la madre de Gloria se llama Demetria? Naturalmente, no hace falta conocer el mito para disfrutar la obra. Podría ser la recreación de alguno de tantos casos de secuestros de jóvenes a cargo de depravados, sean totales desconocidos o sean sus mismos padres. La obra está llena de dramatismo y angustia desde ese punto de vista. Pero estos ecos de Borges y de un Homero que no lo es nos avisan de que lo más importante no es el desenlace de un conflicto, la resolución de un delito, sino aquello que normalmente no se cuenta. Sabemos lo que hace Deméter, pero ¿a qué se dedica Perséfone mientras está en el infierno? ¿Cómo hace para pasar el tiempo? ¿A qué se aferra para mantenerse viva, para seguir cuerda? ¿Cómo consigue no enloquecer? ¿Lo consigue?

Joe O'Curneen ha pasado demasiados años escondido aunque estuviese a la vista de todos. Nos hemos reído con él en innumerables ocasiones a lo largo de más de tres décadas y no habíamos caído en que el componente trágico que hay tras la comedia delataba a un autor serio y reflexivo. Un autor importante; eso es Joe O'Curneen: un autor que no se deja llevar por la inmediatez, sino que la trasciende; que usa la realidad para apelar a lo real, a lo que no se dice pero incide, a lo que duele y nunca cicatriza. *La estrella de Hoffman (El rapto de Gloria Mae)* es un descubrimiento mayúsculo que hacía falta liberar para que dé nuevos frutos.

Pedro Víllora
Escritor

FICHA TÉCNICA

Número de personajes: cuatro

Actores y actrices: dos actrices y dos actores

Formato: mediano-grande

Duración: una hora y media

Público: adulto

Elementos de escena:

- Escenas: I - VI (sótano)

  Una puerta con pomo, una mesa con cajón, dos sillas, tres pistolas Browning P35, dos pistoleras, un bote de crema, unas gafas de sol, una botella de Jack Daniels, un vaso, dos paquetes de cigarros, dos mecheros, un espejo de mano, llaves para la puerta, dos móviles, una placa de inspector, un bote de pastillas, un pañuelo, una caja de píldoras, una libreta de apuntes y un bolígrafo.

- Escena VII (salón-comedor)

  Muebles varios de salón-comedor, una puerta que da entrada a la casa, estanterías con libros, estantería falsa que da paso al sótano, pistola, un gran ventanal con persianas y un retroproyector para recrear la vista del exterior.

Envió al Érebo a Hermes... para que,
exhortando a Hades con suaves palabras,
sacara a la casta Perséfone de la oscuridad tenebrosa
y la llevara a la luz, a los dioses, con el fin de que
la madre la viera con sus ojos y depusiera la cólera.

Himno homérico a Deméter

Quería soñar un hombre: quería soñarlo
con minuciosa integridad e imponerle a la realidad.

Las ruinas circulares, Jorge Luis Borges

LISTA DE PERSONAJES

AGENTE, inspector, 50 años

GLORIA, secuestrada, 23 años

MUJER, médico forense, 45 años

ÉL, secuestrador, alias CAPITÁN, 36 años

ESCENA I

Interior. Espacio en tinieblas con el zumbido exánime de un órgano. Una puerta se abre y aparece Agente, *su figura contorneada por la luz radiante que desciende del piso superior. Permanece quieto en el umbral. Oye murmullos y gimoteos.*

Agente.— ¿Gloria Mae?

(Gloria *está tumbada en el suelo. Al oír su nombre se levanta, se da la vuelta y lo ve.*)

Agente.— *(Al móvil.)* Es ella, está viva. (Gloria *se tambalea.*) Cuidado, agárrese.

(Gloria *gime y se desploma. El órgano deja de sonar, lentamente.*)

Agente.— *(Al móvil.)* No sé, fue verme y caerse de bruces. *(Se acerca y se queda de pie junto a ella, impasible.)* Sí, debe ser la impresión. De verme. *(Sonríe.)* Soy la alegría de sus ojos, tú lo has dicho. *(Irónico.)* Soy todo un fenómeno. No, no es el ego lo que tengo alto, es el guapo lo que tengo subido. ¿Me oyes? Te pierdo. *(Se agacha y la coge de la muñeca. Comprueba el pulso.)* Tiene pulso. *(Se levanta.)* Todo lo contrario, si hay algo de lo que puedo presumir es de no tener ego. Tú ríete.

(Se enciende un cigarro.) Un tipo como yo lo que tiene es presencia. No, no todos la tienen, la gente presume de lo que no es cierto, a eso lo llaman ser un fantasma. Te hablo de la presencia de estar en el ojo del que ve, no de la de estar aquí o allá; presencia en el espacio es la que tiene todo el mundo. La presencia en la conciencia de los demás, esa es la que verdaderamente te hace ser alguien, de lo contrario es como si no existieses. *(Observando el espacio.)* Plántate en medio de una calle transitada de una ciudad desconocida y sabrás de lo que te hablo; o enciérrate como ella en un agujero como este, ¿de qué presencia vas a presumir? Simplemente, dejas de existir. ¿Hola? ¿Me oyes? No te oigo. Ahora sí. Hay mala cobertura. No te imaginas lo que es esto, a esta criatura no solo la han secuestrado, la han encerrado en un infierno. Sí, es ella, seguro. *(Se agacha y la mueve suavemente.)* ¿Gloria? *(La mueve bruscamente.)* ¡¿Gloria?! Nada, esta ni se inmuta. Me la subo en brazos. No, no hace falta que bajéis, me apaño solo. Parece mentira que la tenga delante, después de todos estos años. Verás cuando se enteren. Verás la madre.

*(*Gloria *se despierta con un grito ahogado, asustando a* Agente. *Se aleja de él a gatas, murmurando. Pasa por debajo de la mesa y se pone de pie.)*

Agente.— Gloria, soy el agente...

Gloria.— ¿Dónde está?

Agente.— ¿No me ve? *(Al móvil.)* Sí, ha vuelto en sí. Está consciente.

Gloria.— ¿Quién?

AGENTE.— *(Al móvil.)* No por mucho, el color se le va. *(GLORIA se tambalea.)* Cuidado, agárrese.

(GLORIA alcanza una pistola que hay encima de la mesa, apunta a AGENTE, pierde el conocimiento y se desploma de nuevo.)

AGENTE.— Joder, ¿de dónde ha salido eso? *(Al móvil.)* Sigo aquí, sí. Nada, un pequeño contratiempo. Pequeño, sí. De nueve milímetros.

(GLORIA abre los ojos, se levanta rápidamente con la pistola en la mano y se pone a buscar por el espacio.)

AGENTE.— ¿Qué busca?

GLORIA.— Mi cómplice.

AGENTE.— *(Al móvil.)* Será mejor que te cuelgue. No, que no baje nadie, la criatura está desorientada. Un poco asustada, sí. Te cuelgo. *(Cuelga y guarda el móvil en el bolsillo.)* Gloria, me alegro mucho de verla.

GLORIA.— *(Se gira y le apunta con la pistola.)* No se acerque.

AGENTE.— Tenga cuidado con el arma.

GLORIA.— ¿A qué ha venido? *(Se marea.)*

AGENTE.— Agárrese. Tiene episodios de síncope, ¿lo sabe?

GLORIA.— Eso tiene remedio. *(Se apunta con la pistola en la frente.)*

AGENTE.— Así no, Gloria.

GLORIA.— *(Apunta a AGENTE con la pistola.)* ¿Así mejor? No hay nada mejor que ocho gramos de plomo volando a trescientos cuarenta metros por segundo para abrirte la mente...

AGENTE.— Deme la pistola.

GLORIA.— ... Es un impacto supersónico que te manda al infinito y no importa su ángulo de entrada; por delante o por detrás, el destino es el mismo: la gloria. *(Se apunta a la cabeza. Llora.)* Esta es mi Browning P35, nueve milímetros, semiautomática. Acostúmbrate, bonita, será el dios de tu pequeño universo.

AGENTE.— *(Alcanza la mano de* GLORIA *para coger la pistola.)* Será mejor que me la dé.

*(*GLORIA *se aleja de* AGENTE, *le apunta de nuevo y su llanto se detiene.* GLORIA *se queda inerte.)*

AGENTE.— ¿Gloria? *(*GLORIA *no responde.)* Gloria.

*(*GLORIA *reacciona y mira a* AGENTE. *Baja la mirada y ve la pistola que lleva en la mano. La observa como si lo viera por primera vez.)*

GLORIA.— ¿Qué hace aquí?

AGENTE.— La cogió de la mesa antes de caer.

GLORIA.— Recuerdo caer. Como si se hundiera la tierra bajo mis pies.

AGENTE.— Sería la sangre.

GLORIA.— ¿Sangro?

AGENTE.— No, lo que se le cae a los pies. Se le desvanecen los colores del rostro cuando le dan episodios.

GLORIA.— Veo que me hundo en una tumba, viva.

AGENTE.— La mente es así, nos juega malas pasadas.

GLORIA.— Es un sueño recurrente. *(Se duele.)* La cabeza.

AGENTE.— ¿Le duele?

GLORIA.— ¿Oye el zumbido?

AGENTE.— ¿Zumbido? Se dio un buen golpe al caer. Siento no haber llegado a tiempo. Al verla, pensé que se agarraría a la mesa, pero agarró la Browning. Uno no sabe a qué agarrarse, ¿verdad?

GLORIA.— Le hace gracia.

AGENTE.— Créame, yo hubiera hecho lo mismo.

GLORIA.— ¿El qué?

AGENTE.— Agarrarme a la Browning antes que a la mesa. Sobre todo, ante alguien desconocido. Es el impulso de querer agarrarse a algo seguro, fiable, y la Browning semiautomática es de lo mejorcito que hay. Donde pone el ojo pone la bala. Démela, no se vaya a hacer daño.

GLORIA.— Si le tuviese delante, si él estuviese ahora aquí.

AGENTE.— Él ya nunca más le hará daño.

GLORIA.— *(Haciendo que dispara.)* Pam, pam, pam.

AGENTE.— ¿No ha oído lo que le he dicho?

GLORIA.— *(Haciendo que dispara.)* Pam, pam, pam.

AGENTE.— Será mejor que se siente. *(Señalando la silla.)* Tome, siéntese aquí.

GLORIA.— No quiero.

AGENTE.— De acuerdo, pero le pido por favor que deje de apuntarme, esto no es un juego.

GLORIA.— *(Apuntándose en la frente.)* ¿Le parece mejor así?

AGENTE.— La verdad, prefiero que me la dé.

GLORIA.— ¿La verdad? ¿Cree usted que la tengo? La cabeza me da vueltas, no sé lo que está pasando.

AGENTE.— ¿Ve la puerta? ¿Ve que está abierta? Vamos a salir de aquí. *(GLORIA mira la salida con temor.)* No se angustie, lo haremos juntos, lo haremos despacio. Pero, antes, me tiene que dar la pistola.

GLORIA.— ¿Es suya?

AGENTE.— No. Yo llevo la mía. *(Abre la chaqueta y le muestra su pistola.)* Una Browning, como la suya.

GLORIA.— *(Agarra la pistola con fuerza y da un paso atrás.)* Es todo tan confuso.

AGENTE.— Tranquila, las cosas se irán aclarando. ¿Le importa que me siente? *(GLORIA niega con la cabeza. AGENTE se sienta en la silla y saca su libreta.)* Supongo que se lo diría a menudo.

GLORIA.— ¿El qué?

AGENTE.— Lo de antes, ¿se acuerda?: «Ocho gramos de plomo volando a trescientos cuarenta metros por segundo...», «El impacto supersónico que te manda al infinito...», «No importa el ángulo de entrada; por delante o por detrás...».

GLORIA Y AGENTE.— «El destino es la gloria...».

AGENTE.— Es evidente que las palabras no son suyas. Diría que son...

GLORIA.— Ordinarias.

AGENTE.— Diría que son de él.

GLORIA.— La gloria a la que se refiere soy yo.

AGENTE.— El eufemismo es obvio.

GLORIA.-— Es usted listo.

AGENTE.— *(Sonríe.)* No, solo que llevo años en esto. Conozco otros casos como el suyo. *(Pausa.)* ¿Por qué llora?

GLORIA.— *(Limpiándose las lágrimas.)* ¿Qué es usted? *(Pausa.)* Qué raro.

AGENTE.— ¿Yo?

GLORIA.— Las lágrimas me huelen a pólvora.

AGENTE.— Las ha limpiado con la mano con la que le disparó.

GLORIA.— ¿Le disparé?

AGENTE.— En la frente.

GLORIA.— ¿Lo maté?

AGENTE.— Su secuestrador está muerto. Ya se puede usted marchar.

GLORIA.— *(Llora.)* ¿Me puedo ir?

AGENTE.— Sí.

GLORIA.— Soñaba con este momento.

AGENTE.— Ya puede estar tranquila, todo ha terminado.

GLORIA.— ¿Sería usted tan amable de repetirlo?

AGENTE.— Todo ha terminado.

GLORIA.— No, lo de «ya se puede usted marchar».

AGENTE.— Ya se puede usted marchar.

GLORIA.— Ansiaba oír esas palabras. ¿Son suyas?

AGENTE.— *(Sonríe.)* ¿De quién van a ser si no? Gloria, ya puede usted subir. La están esperando. *(Levantándose.)* Venga conmigo.

(GLORIA llora de la emoción. Se arregla el vestido sin soltar la pistola y se dispone a salir.)

AGENTE.— Un momento. Espere. *(Sacando un bote de su bolsillo.)* Antes de subir, úntese esto.

GLORIA.— *(Cogiendo el bote.)* ¿Para qué?

AGENTE.— La protegerá de los rayos del sol. Hace un día soleado, su piel no lo soportaría. *(Le suena el móvil.)* Disculpe. *(Saca el móvil del bolsillo y contesta.)* Dime. Sí, va todo bien, enseguida salimos. En unos minutos. Pocos. Cuatro, cinco, lo que tarde. Como si son treinta, joder, dale tiempo. *(Cuelga.)*

(GLORIA, tras escuchar atentamente, abre el bote y empieza a untarse la crema. En ningún momento soltará la pistola.)

AGENTE.— Siéntese aquí, estará más cómoda.

(GLORIA se sienta y continúa untándose la crema.)

AGENTE.— Gloria, hay algo que no logro entender. Después de dispararle en el comedor, en vez de salir corriendo por la puerta de entrada, al exterior, hacia su libertad, volvió a bajar al sótano. Cuando llegué, la encontré acurrucada ahí en la esquina. ¿Por qué volvió? ¿Por miedo? ¿Se dejó algo atrás? ¿Buscaba algo?

(La luz que entra por la puerta se intensifica.)

GLORIA.— La luz.

AGENTE.— ¿Fue por lo que decidió volver? *(GLORIA se tapa los ojos.)* Abruma, ¿verdad? Y después de estar encerrada aquí tanto tiempo hasta debe de molestar. Cierro un poco. *(Cierra la puerta, dejándola entreabierta.)*

GLORIA.— Resulta extraño.

AGENTE.— ¿La luz?

GLORIA.— Lo que es un día.

AGENTE.— Pues hoy hace un día magnífico, especialmente brillante. *(Le ofrece sus gafas de sol.)* Tenga, use mis gafas cuando salga. *(Las deja sobre la mesa.)* Procure untarse bien y dese también en las piernas.

(GLORIA empieza a untarse la crema en las piernas. AGENTE la observa atentamente.)

GLORIA.— *(Incómoda.)* ¿Qué mira?

AGENTE.— Nada. Su piel.

GLORIA.— *(Oliéndose las manos.)* ¿Qué le pasa?

AGENTE.— Ha salido poco por lo que veo.

GLORIA.— No he salido.

AGENTE.— ¿No ha salido de aquí? (GLORIA *niega con la cabeza.*) ¿Nunca?

GLORIA.— *(Oliéndose los brazos.)* ¿Por qué no huele?

AGENTE.— ¿Ni siquiera a que le dé el aire?

GLORIA.— Esta crema no huele.

AGENTE.— Es asombroso.

GLORIA.— ¿El qué?

AGENTE.— Que haya podido sobrevivir en un lugar como este, y durante tanto tiempo. Por cierto, antes le oí mencionar a un cómplice. (GLORIA *continúa untándose la crema en las piernas.*) Sin embargo, todo parece indicar que actuó solo, no parece que hubiese nadie más involucrado en su secuestro. ¿Me puede usted decir a quién se refería?

GLORIA.— *(Se duele.)* La cabeza.

AGENTE.— ¿Le duele?

GLORIA.— *(Asiente.)* Se alivia cuando respiro deprisa. *(Respira deprisa.)*

AGENTE.— Gloria, su cómplice. ¿Quién es? ¿Quién lo ayudó? (GLORIA *no responde. Sigue concentrada en la respiración.*) ¿Es usted creyente?

GLORIA.— ¿Eso a qué viene?

AGENTE.— Su cómplice. ¿Se refería usted a Dios? (GLORIA *se ríe a carcajadas.*) ¿De qué se ríe?

GLORIA.— De su estúpida especulación.

AGENTE.— Tenemos que estar seguros.

GLORIA.— ¿Seguros de qué?

AGENTE.— De que no haya nadie más implicado en todo esto. Sabemos que era soltero, solitario, muy discreto, apenas hablaba con nadie. Por lo visto, no hubo nadie más.

GLORIA.— Jack.

AGENTE.— ¿Jack?

GLORIA.— El causante del descuido. Fue Jack el que dejó la puerta mal cerrada.

AGENTE.— ¿La dejó abierta para que usted pudiese escapar? *(GLORIA asiente mientras continúa untándose la crema.)* ¿Quién es Jack? Sería importante que hablásemos con él.

GLORIA.— Lo tiene delante.

AGENTE.— ¿Jack está aquí?

GLORIA.— ¿Usted no lo ve?

(AGENTE mira a su alrededor, hasta que se fija en la botella que hay sobre la mesa.)

AGENTE.— ¿Daniels?

GLORIA.— Gracias a él pude escapar.

AGENTE.— ¿En eso depositaba sus esperanzas? En el... *(Corrigiéndose.)* ¿En él? ¿En Jack?

GLORIA.— ¿En quién si no? Mire a su alrededor, ¿cree que tenía elección?

AGENTE.— ¿No es usted creyente?

GLORIA.— ¡¿Por qué insiste en eso?!

AGENTE.— Ayuda a esclarecer, nada más.

GLORIA.— ¡¿Esclarecer el qué?!

AGENTE.— Si ha habido alguien más involucrado en todo esto. En la desesperación, las creencias se refuerzan, las ilusiones se consolidan.

GLORIA.— ¿Qué insinúa?

AGENTE.— Es lo común en todos los casos como el suyo.

GLORIA.— ¡Lo común en todos los casos es otra cosa muy distinta, y mucho más elemental! ¡Y bien que lo debería usted saber si dice que conoce más casos como el mío!

AGENTE.— No se enfade. Solo quería constatar que actuó solo, que no hubo nadie más que estuviese implicado en su secuestro. Nuestra labor es remover cielo y tierra con el fin de esclarecer.

GLORIA.— ¡Yo creía en ustedes!

AGENTE.— Las investigaciones se estancaron.

GLORIA.— ¡¿Qué han hecho en todo este tiempo?! ¡¿Dónde han estado?! ¡¿Por qué no vinieron antes?! ¡¿Qué han hecho por mí?! *(Llora.)* Me dieron por muerta.

AGENTE.— Desaparecida.

GLORIA.— Dos años.

AGENTE.— ¿Dos? No.

GLORIA.— ¿Cuántos? *(Pausa.)* Cuántos.

AGENTE.— Van a ser casi diez.

(Silencio. GLORIA *se levanta lentamente de la silla, se pone las gafas de sol, camina resuelta hacia la puerta, entonces le invade la ansiedad. Entra en pánico.* AGENTE *se ofrece a ayudarla, pero* GLORIA *lo rechaza. Respira con dificultad, da media vuelta y se sienta. Se quita las gafas, deja la pistola en la mesa junto a ella, coge la botella de* bourbon *y se sirve un trago.)*

GLORIA.— ¿Le extraña que lo venere?

AGENTE.— *¿Whiskey?*

GLORIA.— No blasfeme. *Bourbon.*

AGENTE.— Perdón.

GLORIA.— Diez años. ¿Le extraña que acabase venerando a un dios ordinario? ¿Cree que diez años encerrada en este sótano la animan a una a aspirar a más? *(Se lo bebe de un trago.)*

AGENTE.— Un dios de doble filo.

GLORIA.— ¿No son así todos?

AGENTE.— Le haría ser más violento.

GLORIA.— *(Mostrándole la botella.)* Un treinta y cinco por ciento más. Lo pone en la etiqueta. *(Se sirve otro trago.)*

AGENTE.— Déjelo.

GLORIA.— ¿Por qué? Al contrario. Aquí la vida sin Jack es más violación. Yo lo animaba a que bebiera. Le decía, bebe, que estás más gracioso. No se le ponía dura. Así no se le levantaba. ¿Comprende? Me llevaba los golpes, pero me ahorraba la violación. *(Levanta el vaso.)* ¿Cómo no lo iba a santificar? *(Bebe un sorbo.)* Bajaba tan borracho a veces que su aliento parecía inflamable. Juraba que el cigarro que llevaba entre los dientes era la mecha que lo haría volar por los aires, pero no, lo encendía y él se flambeaba. Volaban los puños con llamas de color azul. Se avivaban con cada golpe que me daba.

AGENTE.— *(Sentándose.)* Era de esperar. Lo de su resentimiento, me refiero.

GLORIA.— ¿Mi resentimiento?

AGENTE.— Su rencor. Acabaría con la fe de cualquiera.

GLORIA.— ¿Y lo achaca al rencor? ¡¿Al rencor?! Pero ¿qué clase de inspector es usted?

AGENTE.— Homicidios.

GLORIA.— Homicidios. ¿Y no lo achaca a los hechos? A los de homicidios les van los hechos, ¿no?

AGENTE.— Son importantes, sí.

GLORIA.— Como el hecho de no haberse presentado aquí a tiempo.

AGENTE.— Lo siento.

GLORIA.— Eso sí que acaba con la fe de cualquiera.

AGENTE.— Ya le he dicho que las investigaciones no avanzaban.

GLORIA.— ¿Y por qué no lo achaca a la indiferencia o a la incesante humillación? ¿O no cree que tuvo algo que ver? ¿O por qué no a los abusos, o a los insultos, o a los golpes a diario, o a las quemaduras, o a los cortes en la piel, o a la tortura, o a las violaciones o a todo a la vez? O al dolor. O a la soledad. *(Llora.)* La soledad. ¿Cree que su fe lo aguantaría? Hacía conmigo lo que le daba la gana. ¿Sabe lo que es ser una marioneta?

AGENTE.— Me lo puedo imaginar.

GLORIA.— No se lo imagine. Véalo usted mismo.

(GLORIA se sube de un salto a la mesa, se sienta delante de él y con la pistola en la mano se levanta el vestido.)

AGENTE.— *(Mira para otro lado.)* ¿Qué hace?

GLORIA.— Mire. No se corte.

AGENTE.— Tápese, por favor.

GLORIA.— ¡Mire! *(AGENTE se gira y la mira a los ojos.)* Mírela. *(AGENTE mantiene la mirada.)* Vamos, mire. *(AGENTE no resiste la tentación y baja la mirada.)* ¿La ve? Ella es lo común en todos los casos. Lo debería usted saber, ¿no dice que conoce más casos como el mío? Me imagino que las habrá visto así, con cicatrices. *(Percibe en la mirada absorta del AGENTE una inquietante y extraña fascinación.)* Este es un sótano sin alma, señor. Un mundo de un solo valle, y lo tiene delante. *(Se mofa, acariciándose la vagina.)* Ella es la verdadera gloria de este lugar. Ella es la razón; es la que da sentido a este oscuro interior, pero ya no es mía. No me pertenece. Pertenece a un dios rudo y elemental que una tarde de otoño me secuestró y me trajo hasta

37

aquí. *(Se baja el vestido.)* Violación es lo que sigue siendo, aun después de tantos años. Violación es lo que sigue siendo cuando una no se quiere acostumbrar. Los días de rezar a los ángeles acabaron hace tiempo. *(Salta de la mesa y avanza hacia la puerta. La intenta abrir.)* No se abre. *(Lo intenta de nuevo.)* La puerta no se abre.

AGENTE.— ¿Quiere que pruebe yo?

(AGENTE intenta abrir, pero tampoco lo consigue. GLORIA entra en pánico. Camina deprisa de un lado a otro, temblando, murmurando.)

GLORIA.— ¿Qué pasa? ¿Por qué no se abre?

AGENTE.— *(Intenta serenarla.)* Gloria, tranquila, tengo el móvil. Hago una llamada y nos abren.

GLORIA.— Tengo miedo.

AGENTE.— No tema. Mire, ya estoy marcando, ¿lo ve?, ¿ve que estoy marcando?

GLORIA.— Vi que estaba abierta.

AGENTE.— *(Marcando.)* Ha debido ser una corriente.

GLORIA.— Aquí no hay corrientes.

AGENTE.— Lo que no hay es señal.

GLORIA.— *(Llora.)* ¿Qué está pasando?

AGENTE.— No llore. No se preocupe. En seguida se darán cuenta y nos abrirán. La culpa es mía, lo siento, debía haberla bloqueado.

GLORIA.— *(Oliéndose la mano.)* ¿Le disparé?

AGENTE.— *(Tecleando un mensaje en el móvil.)* Les mandaré un mensaje. Qué idiota, no sabe cuánto lo siento.

GLORIA.— ¿Lo maté? Dígame que lo maté.

AGENTE.— *(Tecleando.)* El mensaje les llegará enseguida, en cuanto se restablezca la cobertura.

(AGENTE se dirige a la puerta, GLORIA va detrás.)

GLORIA.— Escuche. Me decía que un día acabaría con la estrella en la frente.

AGENTE.— *(Golpeando la puerta.)* ¡Ehhh! ¡Abrid!

GLORIA.— ¿Me ha oído?

AGENTE.— *(Golpeando la puerta.)* ¡Abrid la puerta!

GLORIA.— Escúcheme. Deje de golpear, por favor. ¡Escúcheme! *(AGENTE deja de golpear la puerta y le presta atención.)* La estrella en la frente.

AGENTE.— ¿Qué estrella? No sé de qué me habla.

GLORIA.— *(Recitando deprisa.)* Disparos efectuados con el cañón del arma apoyada sobre la piel del cráneo desprenden gases con la deflagración de la pólvora que luego se expanden produciendo el desprendimiento y posterior estallido hacia afuera de la piel provocando una herida con aspecto de estrella.

AGENTE.— Veo que entiende de balística.

GLORIA.— Una herida perforante, con desgarramiento radial, parece como si hubiera habido una explosión dentro de la cabeza.

AGENTE.— La estrella de Hoffman.

GLORIA.— La estrella de Hoffman. Dígame que no la llevo en la frente.

AGENTE.— No diga tonterías, usted está bien.

GLORIA.— Él me hablaba de ella y me daba a elegir: o me la ponía él o dejaba que me la pusiese yo misma.

AGENTE.— *(Ríe.)* Qué se piensa, ¿que está muerta?

GLORIA.— La mano me huele a pólvora, la Browning la tengo yo, algo está mal.

AGENTE.— Gloria, el que está muerto es él.

GLORIA.— ¿Dónde está mi espejo?

AGENTE.— Prácticamente le voló la cabeza.

GLORIA.— ¿Seguro que era él?

AGENTE.— Sí.

GLORIA.— ¿Está seguro? ¿Le vio la cara? *(AGENTE asiente. Se aleja de ella, un tanto agobiado.)* ¿Qué le ocurre?

AGENTE.— Nada.

GLORIA.— ¿Qué pasa? Algo le pasa.

AGENTE.— Era desagradable, eso es todo.

GLORIA.— ¿Desagradable? ¿Desagradable para usted? No le creo. Algo vio. ¿Qué era? Dígame lo que vio. Míreme. Dígame la verdad.

(Pausa.)

AGENTE.— Era uno de los nuestros.

GLORIA.— ¿Conocía al Capitán?

AGENTE.— ¿Capitán? ¿Así se hacía llamar? *(GLORIA asiente.)* Qué hijo de puta.

GLORIA.— ¿Trabajaba con usted?

AGENTE.— *(Asiente.)* En el mismo departamento. Controlaba los expedientes. Mejor dicho, los manipulaba a su antojo.

(GLORIA se toca la frente insistentemente, mientras AGENTE se acerca a la puerta.)

AGENTE.— Deje de tocarse la frente, usted está bien.

GLORIA.— ¡No! ¡No estoy bien! ¿Cómo se atreve? No estoy bien. *(Se lleva las manos a la cabeza.)* La cabeza.

AGENTE.— *(Intenta abrir la puerta.)* Es absurdo.

GLORIA.— *(Se marea.)* ¿No siente que la tierra se hunde bajo los pies?

AGENTE.— *(Peleándose con el pomo de la puerta.)* Ya empezamos. Es la sangre.

GLORIA.— ¿Estoy herida?

AGENTE.— No, lo que le cae a los pies.

GLORIA.— ¿De qué se ríe?

(GLORIA se tambalea, alcanza la pistola que ha quedado en la mesa, levanta el brazo y le apunta.)

AGENTE.— ¡Cuidado, agárrese!

(GLORIA *no se mantiene en pie y se desploma.* AGENTE *cesa en el intento de abrir la puerta. Se acerca a* GLORIA *y se queda de pie junto a ella, observándola. Impasible. Después, saca un cigarro y lo enciende. Se sienta en la silla. Observa a* GLORIA *y resopla. Fuma y observa. Observa y espera. La espera en el silencio.*)

ESCENA II

GLORIA *se despierta. Se levanta, da medias vueltas y en cuanto ve a* AGENTE, *le apunta con el arma. Este la observa, impasible, dando una parsimoniosa calada a su cigarro.* GLORIA *se fija de pronto en la pistola que lleva en la mano, la mira como si la viera por primera vez.*

AGENTE.— La cogió de la mesa antes de caer, ¿se acuerda? Siento no haber llegado a tiempo. Pensé que se agarraría a la mesa, pero optó por la Browning.

GLORIA.— *(Tocándose la cabeza. Se duele.)* La cabeza.

AGENTE.— Uno no sabe a qué agarrarse, ¿verdad?

GLORIA.— Me va a estallar.

AGENTE.— Se dio un buen porrazo.

GLORIA.— Me hundía en una tumba, viva.

AGENTE.— Tiene episodios.

GLORIA.— Él estaba ahí, frente a mí. Se reía mientras me hundía.

AGENTE.— El sueño recurrente.

GLORIA.— ¿Sueño?

AGENTE.— La mente, ya sabe. Nos juega malas pasadas.

(Gloria *pondera mientras* Agente *da otra calada a su cigarro. Se oye a lo lejos el zumbido grave de un órgano.*)

Gloria.— ¿Oye el zumbido? No creo que pueda más. *(Se apunta con la pistola en la frente.)*

Agente.— No se rinda.

Gloria.— *(Apuntándose.)* No hay nada mejor que ocho gramos de plomo para abrirse uno la mente.

Agente.— *(Ofreciéndole la botella de* bourbon.) Pruebe con esto.

Gloria.— La estrella, al final, me la pongo yo.

(Gloria *va a disparar.* Agente *salta sobre ella y le aparta la pistola de la frente. Tras un forcejeo, se la consigue arrebatar. El órgano deja de sonar, lentamente.*)

Agente.— *(Enfadado y agarrándola fuertemente de los brazos.)* ¡Ahora, escúcheme bien! Estamos en un sótano, en el suyo, hace aproximadamente veinte minutos que llegamos a esta casa y lo primero que nos encontramos fue a ese cabrón en el comedor, doblado sobre la mesa con dos disparos.

Gloria.— ¿Muerto?

Agente.— ¡Tieso! La estantería falsa, la que hacía de puerta para bajar hasta aquí, estaba abierta cuando yo llegué. He sido el primero en aparecer y la he encontrado ahí acurrucada en la esquina. No sé muy bien qué ha pasado, pero pienso averiguarlo, y usted me va a ayudar. Ya sé que todo esto le parecerá extraño, un tanto anómalo. Que aparezca un agente para salvarla y se quede encerrado aquí con usted es para hacerle a uno sospechar, sospechar de mí, y no le reprocho por hacerlo, créame, yo haría lo mismo. La situación es lamentable y me da vergüenza, se lo digo de verdad. Pero no tenga miedo. Le aseguro que los demás están arriba esperando. En cuanto se den cuenta nos abrirán, tenga fe.

GLORIA.— ¿Han venido a por mí? *(Llora.)* ¿Por qué no han bajado ya?

AGENTE.— Esperan pacientemente a que tenga usted una salida lo menos traumática posible, y esperan al juez y al perito médico para proceder al levantamiento del cadáver. *(Se empieza a agobiar. Se sienta.)* Y lo que yo espero es que pronto se den cuenta de que estamos atrapados y nos saquen de aquí. *(Se vuelve a levantar.)*

GLORIA.— ¿Qué le pasa?

AGENTE.— *(Respira con dificultad.)* No sé.

GLORIA.— ¿No se encuentra bien?

AGENTE.— Cuesta respirar. *(Camina de un lado a otro.)*

GLORIA.— Está pálido.

AGENTE.— Es este espacio. Estas paredes. (GLORIA *ríe.)* ¿De qué se ríe?

GLORIA.— *(Riendo.)* Las realidades son relativas, la suya me da vértigo, y la mía a usted le da claustrofobia.

AGENTE.— No se ría, por favor.

GLORIA.— Respire.

AGENTE.— ¿Respire el qué? Si lo que falta aquí es aire, es oxígeno.

GLORIA.— Tranquilo. Siéntese.

AGENTE.— *(Sentándose.)* Me ahogo.

GLORIA.— Piense en su respiración. Haga como yo, inspirar, espirar. Inspire.

AGENTE.— Inspirar. *(Inspira.)*

GLORIA.— Espirar.

AGENTE.— Espirar. *(Espira.)*

GLORIA.— Eso es.

AGENTE.— Esto de respirar no se me da muy bien.

GLORIA.— *(Ríe.)* Es fácil.

AGENTE.— Lo será para usted. Tiene años de experiencia, yo soy un recién llegado.

GLORIA.— Ya se acostumbrará.

AGENTE.— No quisiera. *(Se levanta a comprobar la puerta. La golpea con la mano al no poderla abrir. GLORIA se entretiene observando cómo se pasea, angustiado.)* Esto es absurdo. Verás estos, cuando se enteren. Seré el hazmerreír del departamento. Me lo van a estar restregando en la cara, menudos son. Joder. Me abrirán un expediente disciplinario. Pondrá en entredicho mi credibilidad, ni qué decir de la mancha en mi reputación.

GLORIA.— Le aconsejo que se calme.

AGENTE.— ¡¿Cómo?!

GLORIA.— Calmándose.

AGENTE.— Lo siento. Tiene usted razón. Entiendo que lo mejor en estos casos es no pensar.

GLORIA.— Todo lo contrario. Hay que tener la mente activa. Distraída.

AGENTE.— Distraída. Muy bien. ¿Qué le parece si recreamos los hechos?

GLORIA.— ¿Los hechos?

AGENTE.— Se trata de mantener la mente activa, ¿no? *(GLORIA asiente.)* Veamos. *(Sacando su libreta.)* Vayamos por partes. Es evidente que el primer disparo no lo recibió aquí, no hay rastro de sangre.

GLORIA.— Correcto.

AGENTE.— ¿Cómo se hizo con la pistola? Se la debió de dejar atrás, supongo.

GLORIA.— La dejó sobre la mesa, antes de salir.

AGENTE.— Después, salió por la puerta mamado de *whiskey...* *(Corrigiéndose.)* de *bourbon.*

GLORIA.— *(Corrigiéndole.)* De Jack.

AGENTE.— *(Anotándolo en la libreta.)* Eso. Salió de aquí despistado, dejándose atrás la Browning, la botella y la puerta abierta. ¿Qué hizo usted después? ¿Cogió la Browning?

GLORIA.— Cogí la Browning, sí.

47

AGENTE.— Y con la Browning en la mano, salió por la puerta, subió por las escaleras y llegó al comedor.

GLORIA.— Así es. Respire, se va a marear.

AGENTE.— Y una vez ahí, tuvo que cerrar los ojos por la luz del día, que abruma, ¿verdad? Porque lo que le falta aquí es luz y aire. *(Ahogándose.)* Falta aire, falta oxígeno.

GLORIA.— *(Se ríe.)* Falta que se tranquilice, hombre.

AGENTE.— *(Respira con dificultad.)* No sé qué me pasa.

GLORIA.— Relájese. ¿Quiere que le ayude?

AGENTE.— *(Se sienta, respirando con dificultad.)* No se preocupe por mí. Por favor, continúe usted.

GLORIA.— ¿Qué quiere saber?

AGENTE.— Lo qué hizo después. Cuando subió, estando ya en el comedor.

GLORIA.— Dispararle.

AGENTE.— Detalles. Deme detalles.

GLORIA.— El primero en el costado. Donde pongo el ojo...

AGENTE.— ... Pone la bala. Después, el segundo entre las cejas, el de la estrella.

GLORIA.— No tan deprisa, no iba a desaprovechar la oportunidad.

AGENTE.— ¿Qué oportunidad?

GLORIA.— La de decirle cuatro verdades a la cara. Llegó el momento de destruirle el alma.

AGENTE.— ¿Cómo?

GLORIA.— Con palabras. Mi lengua empezó a disparar. No te quiero, le dije. Nunca te quise. Fingí amar tu dominio, fingí amar tu horror, fingí amarte con devoción, mi dueño, mi señor. Así logré sobrevivir. *(Se sube a la mesa con actitud triunfante.)* ¡Así fue como te vencí! Ahora soy libre, libre para salir de aquí, libre para salir de esta tumba, libre para ser yo. Y entonces ¡salté sobre él! *(Salta encima de* AGENTE *pillándolo desprevenido. Se acomoda en su regazo.)* Esta que ahora ves es Gloria, la de verdad, le dije. Esta que ves delante de ti nunca te la entregué. Esta que nunca fue tuya sale ahora con toda su venganza, con todo su esplendor. Y él se moría. Se moría mientras veía en sus ojos el reflejo de mi sonrisa. Y su débil exhalación, como el que sale de la boquilla de un cartón vacío cuando lo aplastas. *(Lo imita con un soplido.)* Antes de dejarle marchar, una última ofrenda: nueve milímetros en la frente. *(Lo imita con otro soplido.)* Una bella y humeante...

GLORIA Y AGENTE.— ... estrella de Hoffman.

*(*GLORIA *y* AGENTE *se miran fijamente.* GLORIA *lo besa en los labios.)*

AGENTE.— ¿Qué hace?

GLORIA.— Curarle la claustrofobia. *(Lo besa de nuevo.)* Ve cómo respira mejor. *(Se besan.)* Lo importante es estar activos, ¿no? *(Empieza a desabrocharle el cinturón.)*

AGENTE.— Gloria, no.

GLORIA.— ¿No era lo que quería? ¿Recrear los hechos? *(Le baja la cremallera.)*

AGENTE.— Estese quieta.

(AGENTE intenta apartarla. GLORIA se lo impide abrazándose a él con fuerza.)

GLORIA.— Se lo consiento.

AGENTE.— Haga el favor.

GLORIA.— No ve la mujer que soy. Aún me ve como la niña de la foto.

AGENTE.— ¿Qué foto?

GLORIA.— La que tiene de mí en el expediente, la de la niña desaparecida, la de hace diez años. No la archivarán hasta que el caso esté resuelto, ¿verdad?

AGENTE.— Este caso está resuelto.

GLORIA.— No mientras yo siga encerrada.

AGENTE.— Suélteme, por favor.

(AGENTE logra soltarse. Se aleja de ella, pero GLORIA lo sigue de cerca.)

GLORIA.— ¿Qué credibilidad tiene usted?

AGENTE.— Le aseguro que ya está a salvo. Tan solo hay que esperar a que bajen y abran la puerta.

GLORIA.— Ya que no pudo hacer nada por Gloria, la niña, salve usted a esta mujer. Ámeme.

AGENTE.— No sabe lo que dice. No me siga.

GLORIA.— Ámeme.

AGENTE.— Gloria, usted no está bien.

GLORIA.— No me insulte.

AGENTE.— Piense lo que me está pidiendo.

GLORIA.— Se lo consiento.

AGENTE.— Sería absurdo que usted y yo...

GLORIA.— Tómeme.

AGENTE.— Por favor, seamos coherentes.

GLORIA.— ¿Coherentes? ¿Le parece coherente que venga a salvarme y se quede encerrado aquí junto a mí?

AGENTE.— Ha sido un accidente.

GLORIA.— Ha sido negligente.

AGENTE.— Tiene usted razón.

GLORIA.— Es para hacerla a una sospechar.

AGENTE.— No cabe duda. Lo siento.

GLORIA.— Es una pesadilla.

AGENTE.— Empieza a parecerse, sí.

GLORIA.— O peor, es un delirio. Comprobémoslo. *(Intenta abrirle la bragueta.)*

AGENTE.— *(Intenta impedírselo.)* ¿Qué hace?

GLORIA.— ¿Es usted un delirio?

AGENTE.— No haga eso, por favor. Compórtese.

GLORIA.— Compórtese usted, como un hombre. Béseme.

AGENTE.— Estese quieta. No se acerque.

(GLORIA *le persigue alrededor de la mesa.*)

GLORIA.— Abogue por el amor, no por la coherencia.

AGENTE.— Pero ¿qué amor, Gloria?

GLORIA.— El que me ayuda a creer.

AGENTE.— No soy el más indicado para eso.

GLORIA.— ¿Acaso no es de carne y hueso? Béseme.

AGENTE.— No.

GLORIA.— ¿Es que no le ha gustado?

AGENTE.— Sí. No.

GLORIA.— ¿Sí o no?

AGENTE.— No sería apropiado, no sería ético.

GLORIA.— ¿Ético? Yo veo que se preocupa por mí, que siente por mí, de ahí a lo que le pido solo hay un pasito.

AGENTE.— Ya encontrará a alguien cuando salga de aquí.

GLORIA.— Para qué esperar.

AGENTE.— He dicho que no.

GLORIA.— ¡Es por su culpa que sigo aquí encerrada! ¡Su negligencia es lo que ha hecho prolongar mi secuestro!

AGENTE.— Me ahogo. *(Se sienta, respirando con dificultad.)*

GLORIA.— Me está causando un daño irreversible y debe pagar por ello. *(Saltando sobre él.)* Ámeme.

AGENTE.— Gloria, por favor.

GLORIA.— Es lo mejor que hay para sobrellevar el cautiverio. Deje que le toque.

AGENTE.— No.

GLORIA.— Déjeme o me subo por las paredes. ¡Las paredes! *(AGENTE se asusta.)* ¡Estamos rodeados, esto es un asedio! ¡Mírelas! No nos dejan respirar. ¿Sabe de lo que son capaces de hacer con la mente?

AGENTE.— Empiezo a hacerme una idea.

GLORIA.— ¿Ve usted el horizonte?

AGENTE.— No.

GLORIA.— Exacto. Si quiere ver un horizonte aquí lo tiene que pintar. A menos que... *(Cogiéndole de la cara.)* Míreme. Llevo años aprendiendo a combatirlas, y se empieza por no mirarlas, se empieza por ignorarlas. *(Corrigiéndole la mirada.)* ¡No las mire! Míreme a mí. *(Corrigiéndole la mirada.)* A los ojos. ¿No ha venido aquí a ayudarme? *(AGENTE asiente.)* Pues empiece por saber dónde estoy. *(Corrigiéndole la mirada.)* ¿Me ve?

AGENTE.— Sí.

GLORIA.— ¿Ve que le estoy viendo?

AGENTE.— Sí.

GLORIA.— Es la mirada que otorga presencia.

AGENTE.— Sí.

GLORIA.— En ella encontrará un horizonte.

AGENTE.— ¿Sí?

GLORIA.— Sí. Fíjese bien. Con los ojos bien abiertos. ¿Lo ve?

AGENTE.— *(Fijándose en ella, embobado, casi hipnotizado.)* Sí.

GLORIA.— *(Sensual.)* ¿No siente que el espacio se ensancha, que las paredes se alejan? *(AGENTE asiente. Los labios se tocan)* ¿Ve que puede respirar? *(AGENTE asiente. Se besan.)* Es el amor.

AGENTE.— *(Besándola.)* No debería.

GLORIA.— *(Besándolo.)* El amor nos hace libres. El amor entre dos seres humanos.

AGENTE.— *(Deja de besarla.)* ¿Qué amor puede haber entre nosotros? Es imposible.

GLORIA.— Entonces, fínjalo. ¿Tiene mujer? ¿Tiene novia? ¿Tiene amante?

AGENTE.— Tengo las tres.

GLORIA.— Ha fingido, seguro.

AGENTE.— Es imposible si no.

GLORIA.— *(Besándolo.)* Cójame de la cintura. *(AGENTE la agarra de la cintura.)* Haga como yo, respire con fuerza. Hay que saber creérselo. *(Jadeando.)* Ahh, ahh, eso es. Como dos enamorados. ¡Ahh! ¡Ahh!...

AGENTE.— No grite, por favor.

GLORIA.— ¡Ahh! ¡Ahh!...

AGENTE.— ¿Qué estoy haciendo? Pare. ¡Pare! Yo no la puedo ayudar, lo que usted necesita es ayuda profesional. Suélteme, no vaya a ser que alguien entre y piense que...

(AGENTE se levanta como puede, la coge de los brazos con fuerza y la empuja sobre la mesa. Hace esfuerzos para que desista y para que se calle, pero GLORIA no lo suelta, continua con los gemidos y empieza a llorar. AGENTE muestra una creciente exasperación.)

GLORIA.— *(Llora.)* Sálveme. Tenga piedad.

AGENTE.— Suélteme.

GLORIA.— No me haga daño.

AGENTE.— ¡Estese quieta!

GLORIA.— ¡Piedad, mi capitán!

AGENTE.— ¡No soy el Capitán!

GLORIA.— ¡Ayúdenme!

AGENTE.— Cállese, por favor. *(Tapándole la boca.)* ¡Deje de gritar!

GLORIA.— ¡Socorro! ¡Socorro!

AGENTE.— ¡Cállese!

(AGENTE levanta la mano para golpearla, a la vez que suena el grave zumbido de un órgano. En ese mismo instante se abre la puerta y entra MUJER.)

MUJER.— ¡¿Qué demonios pasa aquí?!

ESCENA III

MUJER *permanece quieta en el umbral. Figura ideal contorneada por la luz que desciende del piso superior.* GLORIA *espabila, logra soltarse y sale corriendo hacia la esquina.* MUJER *corre detrás de ella, cruzando por delante de* AGENTE, *y la abraza.* AGENTE *espabila tarde y se sube apresuradamente los pantalones. El órgano deja de sonar lentamente.*

AGENTE.— *(Abrochándose los pantalones.)* Esto no es lo que parece.

GLORIA.— *(A* MUJER, *llorando.)* Ayúdeme.

AGENTE.— Nos quedamos encerrados.

GLORIA.— *(A* MUJER.*)* Sáqueme de aquí, por favor.

AGENTE.— La puerta se cerró, debió de ser una corriente.

MUJER.— Respira, cariño.

AGENTE.— *(Agitado. Se abrocha el cinturón con dificultad.)* Por fin ha aparecido alguien. Ya nos estábamos impacientando, ¿verdad que sí, Gloria?

MUJER.— *(A* AGENTE.*)* Miserable.

AGENTE.— Vamos, salgamos de aquí cuanto antes.

MUJER.— No la toque.

AGENTE.— Venga conmigo, Gloria.

MUJER.— ¡Quítele sus sucias manos de encima!

AGENTE.— ¿Quién es usted?

MUJER.— Soy la médico forense, me han pedido que bajase para ver si necesitaba usted ayuda, pero jamás esperaba encontrarme...

GLORIA.— ¿Viene a levantar el cadáver?

MUJER.— *(A AGENTE.)* Le aseguro que esto no va a quedar así.

GLORIA.— *(Tocándose la frente.)* ¿Llevo la estrella?

MUJER.— ¿Qué estrella, cariño?

GLORIA.— En la frente.

MUJER.— Lo que necesita esta criatura es salir de aquí de inmediato. Vámonos.

AGENTE.— Espere. *(Bloqueando la salida.)* ¿No me irá a denunciar?

MUJER.— No se irá de rositas, se lo aseguro.

AGENTE.— Yo no he hecho nada.

MUJER.— Quítese de en medio.

AGENTE.— Lo que usted vio no es lo que parece.

MUJER.— Yo sé lo que vi.

AGENTE.— Le juro que nada de lo que usted cree que sucedió, sucedió...

MUJER.— Apártese.

AGENTE.— ... y si por alguna remota probabilidad hubiera sucedido lo que usted cree que sucedió, le aseguro que habría sido consentido.

MUJER.— ¿Cree que soy idiota?

AGENTE.— Gloria, explíqueselo.

MUJER.— ¡Déjela en paz!

AGENTE.— Escúcheme un segundo.

MUJER.— Apártese o grito.

AGENTE.— *(Atolondrado.)* No grite, se lo pido por favor, deje que le explique, fue un accidente, la puerta se cerró sin querer, intenté llamar, pero no había señal, me entró una especie de claustrofobia, ¿verdad que sí, Gloria?...

MUJER.— Apártese.

AGENTE.— ... Ella propuso respirar, para controlar la ansiedad, y lo hicimos juntos, respirar, solo respirar. Luego ya sabe, que si la espera se hace eterna, que si nadie bajaba a abrir la puerta, que si la mirada, que si el espacio se ensancha y las paredes se alejan, que una cosa lleva a la otra, ¿conoce la causalidad? Y cuando menos te lo esperas... ¡Zasca!

(Pausa.)

MUJER.— ¿Zasca?

AGENTE.— Fue ella quien me lo pidió.

MUJER.— ¿El qué?

AGENTE.— Eso. Yo le dije que no, por supuesto.

MUJER.— Con el pantalón desabrochado.

AGENTE.— Gloria, écheme una mano.

MUJER.— Quítese de en medio.

AGENTE.— No pienso hacerlo, mi reputación está en juego.

MUJER.— Me trae sin cuidado su reputación.

AGENTE.— ¡Yo soy un agente acreditado! ¡No permitiré que nadie lo ponga en tela de juicio!

MUJER.— Juicio va a tener, se lo prometo.

AGENTE.— ¿No dice nada, Gloria?

GLORIA.— *(A MUJER.)* Sáqueme de aquí.

MUJER.— Apártese.

AGENTE.— Me niego. Tiene que saber la verdad.

MUJER.— La verdad es ahora lo de menos, lo que importa es que esta criatura salga libre cuanto antes.

AGENTE.— No voy a permitir que nadie empañe mi carrera.

MUJER.— Vamos a dejar una cosa bien clara, aquí solo hay una víctima, y no es usted. ¡Quítese de en medio!

AGENTE.— No sin antes aclarar los hechos.

MUJER.— ¡Déjenos marchar!

AGENTE.— ¿A qué juega, Gloria?

MUJER.— Apártese o grito.

AGENTE.— *(A GLORIA.)* ¡No se quede callada, diga algo!

GLORIA.— ¡Socorro!

MUJER.— ¡Socorro!

AGENTE.— ¡Cállense!

MUJER.— ¡Socorro! ¡Que alguien nos ayude!

GLORIA.— ¡Socorro! ¡Que alguien me ayude!

(AGENTE cierra la puerta de un portazo. GLORIA grita, corre a una esquina. MUJER intenta desesperadamente abrir la puerta.)

AGENTE.— Yo he venido aquí a socorrerla, no pienso perder mi puesto en el intento.

MUJER.— ¿A esto lo llama usted socorrer?

AGENTE.— Exijo que se esclarezcan los hechos.

MUJER.— Y dale con los hechos. ¡¿Acaso no puede esperar?!

AGENTE.— ¡Gloria! ¡Cuéntele lo que pasó!

MUJER.— Sé muy bien lo que pasó.

AGENTE.— Deje que ella se lo aclare.

MUJER.— Lo vi con mis propios ojos.

AGENTE.— No se fíe.

MUJER.— ¿De mis ojos?

AGENTE.— *(A GLORIA.)* ¡Cuéntele la verdad!

MUJER.— *(Corre a abrazar a GLORIA.)* ¡Déjela en paz!

AGENTE.— ¡¿No dice nada, Gloria?!

MUJER.— Tiene el derecho de mantenerse en silencio.

AGENTE.— *(A MUJER.)* ¿Ahora ejerce de abogada defensora?

MUJER.— No voy a dejar que la manipule. *(Saca su móvil y marca. Se da cuenta de que no hay señal.)* Esto es inaudito.

AGENTE.— Solo le estoy pidiendo que le cuente a usted la verdad. ¡Gloria!

MUJER.— ¡La estaba violando!

AGENTE.— ¡Es lo que usted quiere creer!

MUJER.— A mí me va a engañar.

AGENTE.— Yo no, sus prejuicios.

MUJER.— No van a cambiar lo que vi.

AGENTE.— Conozco a mujeres como usted, incapaces de ver las cosas con claridad.

MUJER.— ¿Claridad?

AGENTE.— Les falta objetividad por el sesgo ideológico que les nubla la vista.

MUJER.— ¿Me quiere hacer creer que lo que vi no era lo que vi, sino lo que pienso que vi? ¿Que lo que pienso que vi es lo que quise ver y no lo que realmente vi que fue?

AGENTE.— Lo que quiero decir es que todo esto hay que verlo en su debido contexto.

MUJER.— Ah, que es relativo al contexto. O sea, que es una violación o no, según.

AGENTE.— ¡Aquí fue lo que fue, no lo que usted cree que fue!

MUJER.— ¡¿Y qué fue lo que fue?!

AGENTE.— ¡Fue consentido! ¡Lo que vio fue consentido!

MUJER.— ¡Ja! ¡Cuando entré, pedía socorro!

AGENTE.— ¡Fingía!

MUJER.— No tiene usted vergüenza.

AGENTE.— Lo estaba fingiendo, conmigo.

MUJER.— ¿Es lo que las mujeres acostumbran a hacer con usted? ¿A fingirlo?

AGENTE.— Muy graciosa.

GLORIA.— La tiene pequeña.

AGENTE.— ¿Qué?

MUJER.— La tiene pequeña y recurre a la violación para superar su trauma.

AGENTE.— Le aseguro que no tengo problemas en ese departamento. Lo mío es la claustrofobia.

MUJER.— Será la claustrofilia.

AGENTE.— He dicho fobia.

MUJER.— Le ponen los espacios cerrados.

AGENTE.— ¡Aborrezco los espacios cerrados! Por eso me estaba ayudando a respirar, ¿verdad que fue así, Gloria?

MUJER.— Ah, que Gloria le ayudaba a usted. O sea que todo fue un acto de caridad hacia usted.

AGENTE.— ¡Usted no sabe lo que es estar encerrado entre estas paredes!

MUJER.— ¡No sé de qué se queja, puesto que fue usted quien cerró la puerta!

AGENTE.— ¡Lo hice para defenderme de sus falsas acusaciones!

MUJER.— Mediante la coacción. Esto es un secuestro, ¿lo sabe?

AGENTE.— Lo que faltaba.

MUJER.— ¡Esto es un secuestro y usted es el secuestrador!

AGENTE.— ¡Menudo soy, que hasta me he secuestrado a mí mismo! No diga estupideces, por Dios, no ve que no puedo abrir esa puerta. Por favor, Gloria, diga algo.

GLORIA.— Empiezo a pensar que estaba mejor sola. *(Se duele.)* La cabeza.

MUJER.— ¿Le duele, cariño?

AGENTE.— Le aviso que sufre síncopes.

MUJER.— *(A GLORIA.)* ¿Se marea?

GLORIA.— Siento que se hunde la tierra bajo mis pies.

AGENTE.— Es la sangre.

MUJER.— ¿Está herida?

AGENTE.— Lo que se le cae a los pies. Se le van los colores cuando le dan los episodios.

MUJER.— Está pálida.

AGENTE.— *(A GLORIA.)* Cuidado, agárrese.

MUJER.— Será mejor que se siente.

GLORIA.— Me quiero ir. No les hagamos esperar más.

MUJER.— *(Ayuda a GLORIA a sentarse.)* Cariño, habrá que esperar a que alguien baje y abra la puerta. He intentado llamar, pero aquí no hay cobertura.

GLORIA.— ¿Seguro que bajarán?

MUJER.— En seguida, ya lo verá. No llore, cariño. Saldrá de aquí muy pronto. (A AGENTE. *Indignada.*) Nos priva de la libertad, prolonga su sufrimiento, ¿y todo para qué? ¿Para defender su ego?

AGENTE.— (*Enciende un cigarro.*) ¿Qué ego?

MUJER.— El que tiene por las nubes.

AGENTE.— Si puedo presumir de algo es de no tener ego. Lo que tengo es presencia.

MUJER.— Lo que nadie tiene, mas que usted.

AGENTE.— No todos la tienen. La gente presume de lo que no es cierto, a eso le llaman ser un fantasma.

MUJER.— Mira quién habla.

AGENTE.— Lo que sí le puedo asegurar es una cosa.

MUJER.— ¿El qué?

AGENTE.— (*Seductor.*) Que tengo el guapo subido.

MUJER.— (*Irónica.*) Usted es la alegría de los ojos.

AGENTE.— (*Acercándose a ella.*) Soy todo un fenómeno.

MUJER.— Lo suyo es patológico.

AGENTE.— Soy muy experiencial. Altamente excepcional.

MUJER.— Lo que es usted es gilipollas. (*Apartándose de él.*) Por Dios. Yo, yo y más yo. Desde que he entrado por esa puerta, es de lo único que le he oído hablar. ¿Es que todo ha de girar en torno a usted?

AGENTE.— Vaya acostumbrándose, la espera puede ser larga.

MUJER.— Entra aquí, saca su placa de inspector, y ya se cree que lo van a recibir con las piernas abiertas.

AGENTE.— ¿Quiere que le enseñe mi placa?

MUJER.— ¿De verdad se cree que entre usted y ella hubo consentimiento en algo?

AGENTE.— ¿Nunca le han dicho que es usted un encanto?

MUJER.— A mí no me va a engañar. He trabajado de cerca con hombres como usted, y los conozco bien. Son de lo más transparentes; encanto superficial, aires de grandeza, inteligencia. Pero por debajo, falta de empatía, de remordimientos, ira subyacente, agresividad, crueldad. Típico de su calaña. Mire, a usted se le ve hasta la depravación.

AGENTE.— Tanto halago me sonroja.

MUJER.— No es de fiar. Algo oculta. Todo esto me huele a encubrimiento. Su misión era sencilla. Lo único que tenía que hacer era cogerla de la mano y sacarla de aquí y, mira por dónde, se le cierra la puerta. Qué oportuno. ¿Se le disparan las endorfinas al ver a una niña indefensa, agente? ¿Agente de qué me ha dicho que era?

AGENTE.— *(Enseñándole la placa.)* Homicidios.

MUJER.— Inspector de homicidios, interesante. ¿Y qué piensa alegar en su defensa cuando salga de aquí? No me lo diga, deje que piense. *(Hace que piensa.)* ¡Ya sé!

Fue un acto cometido contra su voluntad, en circunstancias que escapaban a su control. ¡Señores del jurado, este hombre excepcional, altamente experiencial, el que está hecho de otra pasta, es inocente! ¡No es responsable de sus actos porque carece absolutamente de toda voluntad! ¡Declaro, por tanto, que por ser como es, la víctima aquí es él! ¡Caso cerrado!

AGENTE.— No podría haberlo dicho mejor, señora letrada.

MUJER.— ¿Cómo apareció por aquí? ¿Cómo supo llegar hasta ella? Alguien le tuvo que avisar.

GLORIA.— *(A MUJER.)* Dijo que el Capitán era uno de los suyos.

MUJER.— *(A AGENTE.)* ¿Trabajaron juntos?

GLORIA.— *(A MUJER.)* Experto en balística, como él.

MUJER.— *(A AGENTE.)* ¿En el mismo departamento?

GLORIA.— *(A MUJER.)* Son los responsables de mi caso.

MUJER.— *(A AGENTE.)* ¿Es cierto? ¿Diez años en la misma comisaría, en el mismo despacho y nunca sospechó de él?

AGENTE.— Era un caso complicado.

MUJER.— Caso de incompetencia, diría yo.

AGENTE.— Él nos saboteaba la investigación.

GLORIA.— Lo cual no le resultaría difícil estando usted al mando.

MUJER.— ¿Y por qué ahora?

GLORIA.— Eso, ¿por qué ahora?

MUJER.— ¿Descubrieron acaso que su investigación era defectuosa?

GLORIA.— ¿Plagada de flagrantes deficiencias?

MUJER.— ¿Fraudulenta?

GLORIA.— Por ser fraudulenta se vieron obligados a abrir de nuevo el caso.

MUJER.— Se toparían con una pista antigua que finalmente les conduciría a ella.

GLORIA.— *(A AGENTE.)* Pista que usted convenientemente ignoró.

MUJER.— Sabían que estaba aquí y que la iban a descubrir, por fin.

GLORIA.— ¿Es usted cómplice?

AGENTE.— ¿Cómplice de qué?

MUJER.— Confiese.

AGENTE.— *(A MUJER.)* No se da cuenta de lo que está haciendo...

MUJER.— ¡Confiese!

AGENTE.— ... ¡dando aliento a sus paranoias conspirativas!

MUJER.— ¡¿No fue usted el primero en aparecer?!

AGENTE.— ¡Porque recibí la llamada!

MUJER.— ¡¿Fue él quien le dio el soplo?!

AGENTE.— ¡¿Qué soplo?!

MUJER.— ¡Para llegar hasta aquí y hacerlo antes que nadie! ¿Por qué tanta prisa?

AGENTE.— ¿Qué insinúa?

MUJER.— Que usted ha estado aquí antes.

AGENTE.— Ah, ¿eso cree?

GLORIA.— Ya decía que su cara me resultaba familiar.

AGENTE.— *(A GLORIA.)* Porque tiene episodios.

MUJER.— Diga, ¿qué le trae por aquí?

AGENTE.— *(A GLORIA.)* Es su enfermedad, Gloria. Al recobrar la conciencia, sufre de *lapsus memoriae*.

MUJER.— ¡¿A qué vino?! ¿A borrar sus huellas? ¿A saborear la pieza por última vez? ¡¿A matarla y hacerla desaparecer?!

(AGENTE revienta, a la vez que suena el grave zumbido de un órgano. Aparta bruscamente a MUJER, agarra con fuerza a GLORIA y la tumba sobre la mesa. MUJER se lanza a por él, forcejean. AGENTE se la quita de encima con un empujón y MUJER cae al suelo.)

MUJER.— ¡No le haga daño!

AGENTE.— ¡Señores del jurado! *(Saca su pistola y apunta a GLORIA en la frente.)* ¡No soy responsable de mis actos! *(Separándole las piernas y subiéndole la falda.)* ¡Esto que van a ver, se cometerá contra mi voluntad, en circunstancias que escapan a mi control!

MUJER.— ¡No lo haga, por favor! ¡Tómeme a mí!

(Al oír esto, AGENTE aparta a GLORIA, agarra a MUJER, la tumba sobre la mesa bocabajo y le apunta con la pistola en la cabeza. Mientras habla, le levanta el vestido y le separa

las piernas. Gloria *se queda de pie, inmóvil, observando impasible la agresión.)*

Agente.— ¡Señora jueza, este hombre es inocente! ¡No es responsable de sus actos porque carece absolutamente de toda voluntad! ¡Le rigen fuerzas que están más allá de su control! ¡Declaro, por tanto, que por la pasta de la que estoy hecho, por ser como soy, aquí la víctima soy yo! *(Desabrochándose el cinturón deprisa. Enloquecido.)* Esta es mi Browning P35, veinticinco centímetros, semiautomática. Acostúmbrese, bonita, será el dios de su pequeño universo.

Mujer.— ¡Socorro!

Agente.— *(A* Gloria.*)* ¡¿Se entretiene, Gloria?! ¡¿Es esto lo que quiere?! ¡Diga! ¡¿Es esto lo que quiere ver?!

*(*Gloria *se desmaya y cae al suelo. El órgano deja de sonar.* Agente *se detiene, repentinamente.* Agente *y* Mujer *se separan. Se miran entre sí.)*

Agente.— Me lo temía. Esto es más serio de lo que pensaba.

(Silencio.)

ESCENA IV

MUJER y AGENTE *se recomponen. Se muestran desconcertados. Caminan de un lado a otro, preocupados, desorientados, constantemente mirándose entre sí.*

AGENTE.— *(Alterado.)* Los síncopes ya no son lo que eran. Algo no va bien.

MUJER.— Cálmese.

AGENTE.— Es la soledad. *(Mirándose las manos.)* Es terrible. Empieza a engendrar quimeras, no deberíamos estar aquí.

MUJER.— Sí estamos, estamos.

AGENTE.— Pero ¿¡cómo!? ¿Le parece normal que estemos aquí, mientras ella yace ahí inconsciente?

MUJER.— Quizá no lo esté.

AGENTE.— ¡¿Es que no la ve?! Claramente ha perdido el conocimiento. ¿Cómo es posible que usted y yo estemos entablando una conversación, mientras ella está así? ¿Usted me ve?

MUJER.— Sí.

AGENTE.— ¿Cómo explica eso?

MUJER.— No lo sé.

AGENTE.— ¡Ya me debería haber esfumado!

MUJER.— Nos hubiera hecho un favor.

AGENTE.— No es la primera vez. Antes de que usted apareciese, ya le volvió a suceder.

MUJER.— *(Comprueba el pulso de* GLORIA.*)* Ya se le pasará, supongo.

AGENTE.— ¡¿Cómo que ya se le pasará?! ¡Y mientras tanto, ¿qué?! ¿Cómo se supone que hay que *ser*, cuando no hay que *estar*?

MUJER.— El *ser*, cuando uno *está*, sale con naturalidad.

AGENTE.— ¿No se da cuenta del riesgo?

MUJER.— Yo no me preocuparía por esas cuestiones. De poco sirve ahora ponerse metafísico.

AGENTE.— No me estoy poniendo metafísico, estoy siendo práctico. Antes, bastaba apenas un parpadeo para desaparecer, ahora, ni siquiera desaparecemos con todo un episodio sincopal. ¡Mírela!

MUJER.— Tranquilo.

AGENTE.— Los síncopes eran ya nuestra única salida, pero usted sigue ahí y yo aquí, y ella ahí tan pancha. ¿Cómo se explica? Esto cada vez va a peor.

MUJER.— ¡Tranquilícese! La pobre está enferma.

AGENTE.— ¡¿Enferma?! ¡Está como una regadera!

MUJER.— No sea despectivo.

AGENTE.— No podemos seguir así. Solo hay una manera de solucionar esto: las pastillas.

MUJER.— Me niego.

AGENTE.— No nos queda otra. Que se las vuelva a tomar, y cuanto antes, porque estoy empezando a tener serios problemas con el aire.

MUJER.— ¿Qué pasa con el aire?

AGENTE.— La estoy respirando.

MUJER.— Imaginaciones suyas.

AGENTE.— ¡Mire el agobio que tengo! *(Respira con dificultad. Tocándose el pecho.)* ¿Cómo explica eso? No le basta con nuestra presencia, está forzándonos a una perversa transformación.

MUJER.— ¿Transformación a qué?

AGENTE.— A ser alguien de verdad.

MUJER.— No diga usted tonterías.

AGENTE.— ¿Sabe lo que significa? Que acabaremos encerrados aquí con ella, sufriendo juntos su soledad. No lo aguantaría. Me volvería loco. Acabaría tirando los trastos contra la pared.

MUJER.— ¿Tirando trastos? No le tomaba yo por un hombre supersticioso.

AGENTE.— ¿No cree en la telekinesis?

MUJER.— No. Eso es violar las leyes de la física.

AGENTE.— ¿Es que todo lo tiene que ver como una violación? Le aseguro que si esto sigue su curso será la ruina para todos. Hay que detenerlo a toda costa. Hay que volver a lo de antes. Cuando éramos insustanciales, meramente efímeros. Que se tome las pastillas.

MUJER.— No. Ella nos necesita.

AGENTE.— *(Se acerca a* GLORIA *y la agita bruscamente.)* ¡¿Hola?!

MUJER.— ¿Qué hace?

AGENTE.— *(Agitándola bruscamente.)* ¡Hora de las pastillas!

MUJER.— *(Aparta a* AGENTE *con un fuerte empujón.* AGENTE *cae de espaldas.)* ¡¿Se ha vuelto loco?! ¡No puede hacer eso!

AGENTE.— ¿Por qué no?

MUJER.— ¡Porque se excede del ámbito de sus competencias! ¡Nuestra misión es mantener viva la ilusión, y no voy a permitir que nada ni nadie la sabotee, ¿me oye?! ¡No lo voy a consentir! En este lugar solo existe un estado de salud y es el de Gloria, y por muy bien o muy mal que esté, nuestro deber es ser siempre fieles a la causa.

AGENTE.— ¡Es que no da tregua! ¡Estoy harto de montar numeritos!

MUJER.— ¡Mientras dure este secuestro, mientras siga encerrada en este sótano, mientras siga subyugada, maltratada, humillada, violada por el Capitán, su bienestar, físico y mental será lo único que nos concierne! ¡Lo

74

único! Y le juro que estoy dispuesta a aplicar todas las medidas necesarias para el beneficio de la enferma y no pienso quebrantar este juramento. ¡No la pienso traicionar! O entierra de una vez por todas esas ideas absurdas y estúpidas que le rondan la cabeza o se las verá conmigo. ¿Me ha oído bien, inspector? (AGENTE *asiente con la cabeza.)* Ahora céntrese, se está despertando.

(GLORIA *se despierta, lentamente.* AGENTE *y* MUJER *la observan en silencio, con gran expectación. Se levanta, aturdida, observa el entorno. Cuando depara en ellos, los mira con fijeza.)*

GLORIA.— *(Reconociendo a* AGENTE.*)* Hola, agente.

AGENTE.— Qué hay.

GLORIA.— Me alegro de volver a verle.

AGENTE.— Pues no sé de qué se alegra.

MUJER.— *(A* GLORIA.*)* No le haga caso, es un grosero.

GLORIA.— *(A* MUJER.*)* ¿Qué ha pasado?

MUJER.— Gloria, hace unos segundos perdió el conocimiento. ¿Cómo se encuentra? ¿Se encuentra bien? Será mejor que se siente.

GLORIA.— ¿Quién es usted?

MUJER.— Soy la médico forense, ¿no se acuerda? He venido a...

GLORIA.— ¿A levantar el cadáver?

MUJER.— Ante todo, hemos venido a socorrerla.

GLORIA.— El Capitán está muerto, ¿verdad?

MUJER.— Siéntese.

GLORIA.— La puerta está cerrada.

MUJER.— Hace un momento estaba abierta. Estábamos a punto de salir cuando este energúmeno nos volvió a encerrar.

GLORIA.— Es verdad. *(A* AGENTE.*)* Usted la cerró.

MUJER.— Enseguida bajarán y nos abrirán.

AGENTE.— *(A sí mismo.)* Y vuelta a empezar.

GLORIA.— ¿Por qué la cerró?

AGENTE.— *(Nervioso. Se enciende un cigarro.)* Lo hice para defenderme de sus falsas acusaciones.

MUJER.— *(A* GLORIA.*)* La estaba violando.

AGENTE.— Y dale.

GLORIA.— *(A* MUJER. *Recordando.)* Es verdad. Y a usted también.

AGENTE.— *(Resoplando.)* Es lo que quiere creer.

GLORIA.— A mí me va a engañar, lo vi con mis propios ojos.

AGENTE.— No se fíe.

GLORIA.— ¿De mis ojos?

AGENTE.— Todo hay que verlo en su debido contexto.

MUJER.— Ah, que ahora es relativo al contexto.

AGENTE.— Siempre es relativo al contexto.

GLORIA.— O sea, que es una violación o no, según.

AGENTE.— *(Irritado.)* Aquí fue lo que fue, no lo que usted cree que fue.

MUJER.— ¿Y qué fue lo que fue?

AGENTE.— Fue consentido lo que vio.

GLORIA.— Pedía socorro.

AGENTE.— Fingía.

MUJER.— No tiene usted vergüenza.

GLORIA.— No tiene usted vergüenza.

AGENTE.— Lo estaba fingiendo, conmigo.

GLORIA.— ¿Es lo que las mujeres acostumbran a hacer con usted? ¿A fingirlo?

MUJER.— La tiene pequeña.

GLORIA.— La tiene pequeña y recurre a la violación para superar su trauma.

AGENTE.— *(Con mayor irritación.)* ¡Le aseguro que no tengo problemas en ese departamento, lo mío es la claustrofobia!

MUJER.— Será la claustrofilia.

AGENTE.— ¡He dicho fobia!

GLORIA.— Le ponen los espacios cerrados.

AGENTE.— ¡No! ¡No! ¡No! ¡Odio los espacios cerrados! ¡Los odio! ¡No los soporto! ¡Y no aguanto más esta interminable recurrencia!

GLORIA.— ¿Recurrencia? ¿Qué recurrencia?

MUJER.— *(A AGENTE.)* Cálmese.

GLORIA.— *(A MUJER.)* ¿Qué le pasa?

AGENTE.— *(A MUJER.)* ¿Le parece normal que me entren a mí estos sofocos?

GLORIA.— No se avergüence, a los hombres también les pasa.

AGENTE.— Ese es el problema, que no lo soy tanto.

GLORIA.— ¿Tanto qué? ¿Hombre?

AGENTE.— Sí.

MUJER.— Cuidado con lo que dice, agente.

GLORIA.— No entiendo.

AGENTE.— Me traía sin cuidado el espacio y el tiempo y ahora mira por dónde me empiezan a angustiar.

MUJER.— *(A GLORIA.)* Es la metafísica, nos pasa a todos.

AGENTE.— No es la metafísica. *(Apunta a GLORIA.)* ¡Es ella! ¡Es usted!

GLORIA.— ¿Yo?

MUJER.— Agente, se lo advierto.

GLORIA.— ¿Yo qué culpa tengo?

AGENTE.— ¡Usted y sus excesos!

GLORIA.— ¿Qué excesos?

AGENTE.— Por no querer asumir su soledad, a solas, nos aboca a todos a una terrible paradoja.

GLORIA.— ¿Qué paradoja? *(A* MUJER.*)* ¿De qué está hablando?

AGENTE.— Gloria, tengo malas noticias.

MUJER.— *(A* AGENTE.*)* ¡Tenga mucho cuidado, inspector!

GLORIA.— ¿Qué pasa?

AGENTE.— *(A* GLORIA.*)* Tiene que empezar a darse cuenta.

GLORIA.— ¿De qué?

MUJER.— *(A* GLORIA.*)* No le haga caso. *(A* AGENTE. *Enfurecida.)* Como se vaya de la lengua le juro que se la corto.

AGENTE.— *(A* GLORIA.*)* Nada de esto es verdad, Gloria. Lo que ve es lo que piensa que ve.

MUJER.— *(Se lanza a por* AGENTE.*)* ¡Cállese! *(Forcejea con* AGENTE, *intentando taparle la boca.)* ¡La va a hundir en una depresión!

AGENTE.— *(A* GLORIA.*)* ¡Y lo que piensa que ve es lo que quiere ver, pero no es lo que realmente existe!

MUJER.— ¡Cállese!

GLORIA.— Pero ¿qué les pasa?

MUJER.— *(A* AGENTE. *Llora.)* ¡¿Como puede ser tan cruel?! ¡Querer confundirla de esta manera!

GLORIA.— *(Separándolos.)* ¡Estense quietos ya! ¿Cómo se comportan así? Parecen un matrimonio.

MUJER.— *(A* AGENTE. *Llora.)* ¡Lo que ha hecho es un sacrilegio! No voy a permitir que se salga con la suya. *(A* GLORIA.*)* A partir de ahora, a este agente no se le hace caso, ¿me oye? Es un peligro para la estabilidad de todos.

AGENTE.— Ya va siendo hora de enfrentarse a la verdad.

GLORIA.— ¿Qué verdad?

AGENTE.— La verdad de que estamos...

MUJER.— *(Interrumpiéndolo. Vehemente.)* ¡La verdad de que estamos en un sótano, en el suyo, Gloria! ¡La verdad de que llegamos a esta casa hace aproximadamente veinte minutos y lo primero que nos encontramos fue al secuestrador en el comedor, doblado sobre la mesa con dos disparos!

GLORIA.— ¿Muerto?

MUJER.— ¡Tieso!

AGENTE.— No insista.

MUJER.— ¡La verdad, y no otra, de que la falsa estantería del comedor, la que hace de puerta para bajar hasta aquí, estaba abierta cuando yo llegué! ¡La verdad de que él *(Apuntando a* AGENTE.*)* ha sido el primero en aparecer y la ha encontrado aquí acurrucada en la esquina! La verdad *(Llora.)* de que los demás esperan arriba pacientemente a que tenga usted una salida lo menos traumática posible y a proceder al levantamiento del cadáver. La verdad...

AGENTE.— ¡Basta ya! ¡Basta! ¡Basta! ¡Lo que procede ahora es el levantamiento contra el infundio!

MUJER.— Miserable.

AGENTE.— ¡Basta ya con la distracción! ¡Basta ya con la representación!

GLORIA.— *(Llora)* ¿Qué está pasando?

AGENTE.— Gloria, en el tiempo que llevamos aquí, esa puerta ha permanecido cerrada.

(Pausa.)

GLORIA.— *(Llora)* ¿Cómo?

MUJER.— *(Llora.)* Qué tontería. ¿Y por dónde cree que he entrado yo? *(A GLORIA.)* No le haga caso, cariño. *(A AGENTE.)* ¿Se puede ser más inhumano?

AGENTE.— Es lo que soy. En su sentido literal, es lo que he sido siempre, inhumano. Carente de cualidades de ser hombre, ¡y a mucha honra! *(Se pone a buscar por el espacio.)* ¿Dónde guarda las pastillas?

MUJER.— *(A GLORIA.)* Este está muy tocado. Hay que sacarla de aquí cuanto antes. *(Golpeando la puerta.)* ¡Socorro! ¡Abran la puerta!

AGENTE.— Gloria, sé que me estoy extralimitando. Lo de las revelaciones le compete a otro, no me corresponde a mí hacer este papel.

GLORIA.— ¿Revelaciones?

MUJER.— ¡Socorro! ¡Que alguien nos ayude!

GLORIA.— ¿Qué revelaciones?

AGENTE.— *(A GLORIA.)* Llevo sumido en una siniestra conspiración contra la verdad, montando numeritos día tras día, y lo más extraño de todo es que yo me haya dado cuenta. ¿Cómo explica eso? Que yo sea consciente de ello. ¡Que sea consciente, siquiera! ¡Ahhh! Esto no me puede estar pasando. Pasar de ser un fenómeno psicológico excepcional a ser un fenómeno sobrenatural. Y no le estoy hablando de fantasmas, que si yo fuese uno, un fantasma, habría dejado atrás un cuerpo sin vida.

MUJER.— Un fantoche es lo que es. *(A GLORIA.)* ¿No ve lo que está haciendo? Está sembrando la confusión entre nosotras para salvarse el pellejo, intentando convencernos de que no somos lo que usted cree que somos. Nos quiere volver locas para desacreditarnos, para deslegitimar así nuestros testimonios cuando salgamos de aquí y lo acusemos de violador ante un juez.

AGENTE.— ¡Allí están! *(Apunta a un bote de pastillas.)* ¡Las pastillas! *(A GLORIA.)* Cógelas...

MUJER.— *(A GLORIA.)* Di que no.

GLORIA.— Cállense, por favor.

(GLORIA se pone a caminar de un lado para otro, con las manos en la cabeza y murmurando. AGENTE y MUJER la siguen.)

AGENTE.— *(A GLORIA.)* Tómeselas, por el bien de todos.

MUJER.— *(A GLORIA.)* No lo haga.

AGENTE.— *(A GLORIA.)* Tómeselas, se lo suplico.

MUJER.— *(A GLORIA.)* Le suplico que no se las tome.

AGENTE.— *(A MUJER.)* ¡Usted se calla!

MUJER.— *(A AGENTE.)* ¡Usted no me grite!

GLORIA.— ¡Cállense! ¡Déjenme en paz!

AGENTE.— Tómese las pastillas.

GLORIA.— *(A* AGENTE.*)* ¿Qué eres?

AGENTE.— Tómeselas, para que podamos desaparecer.

GLORIA.— ¿Qué eres? ¿Un espectro, una aparición?

AGENTE.— *(A* GLORIA.*)* Simplemente, no estoy.

GLORIA.— ¿Ausente?

AGENTE.— Radicalmente ausente.

GLORIA.— ¿Como explica su presencia?

MUJER.— *(A* AGENTE.*)* Agente, se lo suplico.

GLORIA.— Diga, ¡¿cómo explica su presencia?!

(Pausa.)

AGENTE.— Yo soy tu enfermedad.

(Pausa.)

GLORIA.— *(Llora.)* ¿Mi enfermedad? *(A* MUJER.*)* ¿Lo que dice es verdad?

*(*MUJER *agacha la cabeza y llora.* GLORIA *se aleja. Se vuelve. Cierra los ojos, los abre. Examina a los dos. Da vueltas, y repite la acción. De pronto se oyen pasos en el piso superior. Todos miran al techo.)*

GLORIA.— El Capitán. *(Solloza. Se tambalea.)*

AGENTE.— Cuidado, se marea.

MUJER.— *(Cogiendo a* GLORIA *de los hombros.)* Gloria, mírame. Mírame a los ojos. *(Corrigiéndole la mirada.)* A los ojos. *(Corrigiéndole la mirada.)* ¿Me ves? *(*GLORIA *asiente con la cabeza.)*

(Se oyen pasos en el piso superior.)

MUJER.— Ahora escúchame con atención. Un día, hace ya unos meses, el Capitán bajó borracho y se ensañó contigo. La paliza fue terrible, perdiste el conocimiento. Cuando despertaste, aparecimos delante de ti. Desde entonces no hemos dejado de aparecer.

(Se oyen pasos en el piso superior.)

MUJER.— Lo insólito, Gloria, no es el hecho de haber soñado despierta, o haber soñado seres como nosotros nacidos de la crueldad, no, lo verdaderamente extraordinario es que hayas sido capaz de hacerlo a voluntad.

(Se oyen pasos en el piso superior.)

MUJER.— A voluntad. ¿Te das cuenta de lo que eso significa? Significa que no es la enfermedad la que nos gobierna. Es algo más profundo. Algo nos obliga a recrear en este escenario de crimen escenarios de libertad, pero no para engañarte o hacerte enloquecer, sino para mantener viva la esperanza.

(Se oyen pasos en el piso superior.)

MUJER.— Algo bueno, algo magnánimo quiere recordarte que el futuro es incierto, que aún existe una probabilidad de que esa puerta se abra y recuperes tu libertad.

(Se oyen pasos en el piso superior.)

AGENTE.— Mira lo que te rodea. Esta realidad que ven tus ojos, esta realidad que emerge de tu profunda soledad, se ha sublevado y te mira de frente. Te mira de frente y dice basta. Basta ya. La verdad de tu expediente es que está archivado, está abandonado, acumulando polvo, es un caso más sin resolver. Ya nadie vendrá a socorrerte, nadie vendrá a sacarte de aquí. Que seas libre o no ya solo depende de ti.

GLORIA.— ¿Salir de aquí? ¿Cómo?

MUJER.— No puedes perder la esperanza.

(Se oyen pasos en el piso superior.)

GLORIA.— ¿Qué armas tengo para vencer al Capitán?

MUJER.— Gloria, él será dueño de tu cuerpo, pero tú eres dueña de tu imaginación. *(Coge un espejo y se lo pone delante.)* Mira. *(GLORIA se mira al espejo.)* Mírate. Si te fijas bien, podrás ver a la niña que entró por esa puerta hace más de diez años. ¿La ves?

GLORIA.— Sí.

MUJER.— Mírala a los ojos. ¿Qué quiere esa niña, Gloria?

GLORIA.— ¿No estar sola?

(Se oyen pasos en el piso superior.)

MUJER.— ¿Qué es lo que más quiere?

GLORIA.— ¿Salir de aquí?

MUJER.— ¿Qué es lo que más quiere de este mundo?

(Pausa.)

GLORIA.— Quiero ver a mi madre.

(Se oyen pasos bajando las escaleras. Todos miran hacia la puerta, inquietos y expectantes. Se oye el tintineo de unas llaves y varios giros de la cerradura. A continuación, la puerta se abre y entra CAPITÁN.)

ESCENA V

Una figura imponente aparece envuelta en humo de cigarro. Del hombro le cuelga una pistolera con una Browning P35, nueve milímetros, semiautomática. Da una calada a su cigarro, se aparta del umbral y se acerca a Gloria. *Se miran desafiantes. Comienza a oírse el zumbido grave de un órgano.* Capitán *se inclina para besarla, pero ella recula. Sonríe, tira la colilla al suelo, la agarra con fuerza y la besa en la boca.* Gloria *le da una bofetada y* Capitán *se la devuelve. Empiezan a forcejear mientras el zumbido se intensifica.* Capitán *pierde la paciencia, la coge de la cintura, la levanta, la tumba sobre la mesa, saca la Browning y le apunta en la frente.*

Él.— No hay nada como ocho gramos de plomo para abrirte la mente...

*(*Gloria *se revuelve. Él la agarra con fuerza, se desabrocha el cinturón y la bragueta y la comienza a violar.* Agente *agacha la cabeza, impotente.* Mujer *corre a arrodillarse a su lado.)*

Mujer.— *(Llora.)* Ya no duele, mi vida. Ya no duele.

*(*Capitán *avasalla,* Gloria *gime y las ilusiones no hacen más que lamentar y rogar. Al terminar, silencio.)*

ESCENA VI

Capitán *se aparta de ella, resoplando. Se abrocha los pantalones y el cinturón y se enciende un cigarro. Del bolsillo saca un bote de pastillas.*

Él.— Toma, tus pastillas.

(Deja el bote de pastillas sobre la mesa y se dirige a la puerta.)

Gloria.— Un momento.

Él.— ¿Qué quieres?

Gloria.— No te vayas. Me siento sola.

Él.— Pues no te las tomes.

Agente.— Hijo de puta.

(Capitán se dispone a salir.)

Mujer.— *(A Gloria.)* No dejes que se vaya.

Gloria.— ¿No se te olvida nada?

Él.— *(Dándose la vuelta.)* ¿El qué? *(De pronto se acuerda. Se acerca a la mesa, abre un cajón y saca una caja de píldoras. Abre la caja y saca una.)*

Gloria.— No queremos volver a pasar por eso, ¿verdad?

Él.— *(Ofreciéndole una.)* Toma.

GLORIA.— *(Con ironía.)* Nacer es el mayor secuestro, Dios nos libre. *(Cogiendo la píldora. A* AGENTE.*)* ¿A quién no le sienta mal un estado de salud?

ÉL.— Tómatela, que yo te vea.

GLORIA.— *(Rezando a la píldora.)* Santa Rita, pildorita, milagrosa y certera, procura que no me salgan bastardos de la chistera.

ÉL.— Vamos.

GLORIA.— *(Consagrando la píldora.)* Ni un indeseable o varios. Ni un deseable o varios. A mis ovarios. *(Se toma la píldora.)* Ahora, si falla, siempre está la percha. Eso sí, deja los suelos hechos un asco.

ÉL.— ¿Quieres agua?

GLORIA.— Tráeme hielo y me la tomo *on the rocks.*

*(*GLORIA *coge la botella de Jack Daniels.)*

ÉL.— ¿Qué haces con eso?

GLORIA.— ¿Tan borracho estabas anoche que no te acuerdas?

*(*GLORIA *bebe de la botella.)*

ÉL.— Dámela.

GLORIA.— Demasiado tarde.

*(*GLORIA *le saca la lengua, mostrando que se ha tragado la píldora.)*

ÉL.— La botella. Dámela.

GLORIA.— Jack es mío.

ÉL.— No te sienta bien.

GLORIA.— A ti no se te levanta.

ÉL.— Dame la botella.

GLORIA.— Ven a por ella.

ÉL.— Déjate de juegos, estoy cansado.

GLORIA.— Cógela. Vamos.

ÉL.— Ahí te quedas. Me largo.

(CAPITÁN *da media vuelta y se dirige a la salida.)*

AGENTE.— Que no se marche.

MUJER.— Por el amor de Dios, no dejes que se vaya.

(CAPITÁN *sale, está a punto de cerrar la puerta cuando* GLORIA *agarra la botella de* bourbon *y la rompe contra la mesa.* CAPITÁN *se asoma y vuelve a entrar. Con el cuello de la botella en la mano,* GLORIA *amenaza con cortarse las muñecas.)*

MUJER.— *(Llora.)* Gloria, así no.

GLORIA.— *(Amenazando con cortarse.)* ¡No creas que no llevo pensándolo toda la noche! ¡Ras, ras y soy libre! ¡Libre de una vez por todas!

ÉL.— *(Con ironía.)* Adelante, no te cortes.

GLORIA.— ¡No estoy bromeando!

ÉL.— ¡Pues procura no dejarme el suelo hecho un asco!

AGENTE.— Miserable. *(Lanzando puñetazos al aire.)* ¡Si pudiera, le partía la cara!

(GLORIA *se clava el cristal en la muñeca.*)

GLORIA.— ¡Te juro que me las corto!

ÉL.— ¡Ya estás tardando!

MUJER.— Agente, haga algo.

AGENTE.— Me cuesta respirar.

MUJER.— Ayúdela, inspector. Gloria, piensa en tu madre.

(GLORIA *se clava de nuevo el cristal en la muñeca, haciéndose sangre.*)

MUJER.— ¡Inspector!

AGENTE.— *(Corre a su lado, abriendo con prisa su libreta y haciendo que repasa sus apuntes. Respira con dificultad.)* ¡¿Gloria Mae?! ¿Es usted Gloria Mae Koreson, hija de Francisco y de Demetria Koreson? (GLORIA *se detiene.*) La última vez que la vieron fue en el año 2013, saliendo del instituto. ¿Fue allí donde la secuestró? ¿Se acuerda de cómo llegó hasta aquí?

ÉL.— ¿A qué esperas?

AGENTE.— Se ofreció a llevarla a casa, dijo usted que sí y se subió al coche, ¿no es cierto? (GLORIA *asiente.*) Lo cual explica que lo conociera, ¿verdad? (GLORIA *asiente.*) ¿Se acuerda del camino que tomaron? ¿Recuerda dónde la llevó?

ÉL.— Vamos.

AGENTE.— Se detuvo en una gasolinera, ¿recuerda?

MUJER.— Le dijo que solo sería un momento, pero usted no quería parar. (GLORIA *niega con la cabeza.*)

AGENTE.— Era una de esas gasolineras con túnel de lavado automático. (GLORIA *asiente.*)

MUJER.— No quería parar porque tenía prisa para llegar a casa.

AGENTE.— Le dijo que necesitaba lavar el coche y fue en el interior del túnel, con el lavado en marcha, cuando sacó un paño de cloroformo, la agarró de la nuca y se lo presionó contra la cara. (GLORIA *asiente.*)

MUJER.— Tenía prisa para llegar a casa porque su madre la estaba esperando. Gloria Mae Koreson, su madre sigue esperando. Su madre no es un horizonte que se pinta en una pared, ella existe y está al otro lado de esa puerta. Esperándola.

AGENTE.— No se rinda.

ÉL.— Vamos, no te quedes a medias.

MUJER.— Dile que le quieres.

AGENTE.— Díselo.

GLORIA.— No puedo.

ÉL.— ¿Por qué no?

MUJER.— ¡Díselo!

GLORIA.— Te quiero.

MUJER.— Dile que llevas toda la noche pensando en él.

GLORIA.— Llevo toda la noche pensando en ti.

MUJER.— Y no fuiste capaz de quitarte la vida porque le quieres.

GLORIA.— Y no fui capaz porque...

MUJER.— Porque le quieres, díselo.

GLORIA.— *(A ÉL.)* Algo me lo impide...

ÉL.— ¿El qué?

MUJER.— Porque le quieres.

AGENTE.— Díselo, Gloria.

GLORIA.— Porque te quiero.

MUJER.— Otra vez.

GLORIA.— Te quiero.

MUJER.— Otra vez. No se cansará de oírlo, tiene problemas de autoestima.

GLORIA.— *(Llora.)* Te quiero.

MUJER.— *(A ÉL. Enfurecida.)* Te quiero, te quiero, te quiero. Amor mezquino que alargó el tiempo de tu servidumbre y de su poder, amor ruin que te consumió en este sótano e hizo de ti un espectro de lo que fuiste, pero mentir fue lo que te trajo en el tiempo hasta aquí. Miente, Gloria. Miente por tu madre, miente para que la puerta no se vuelva a cerrar, miente, miente, miente, y que de esta insidia nazca tu rebelión. Dile que le amas.

GLORIA.— Te amo.

MUJER.— ¡Más alto!

GLORIA.— ¡Te amo!

MUJER.— Dile que sin él, todo esto carece de sentido.

GLORIA.— Sin ti, nada de esto tiene sentido.

MUJER.— Es él el que da sentido a tu vida.

GLORIA.— Eres tú el que da sentido a mi vida.

MUJER.— ¿Qué sentido tiene vivir sin ti?

GLORIA.— ¿Qué sentido tiene vivir sin ti?

MUJER.— Te quiero, mi vida, te quiero, mi capitán.

GLORIA.— Te quiero, mi vida, te quiero, mi capitán.

(Silencio. Todos miran a CAPITÁN *con expectación. Este resopla, apaga su cigarro y vuelve a entrar, cerrando la puerta tras de sí. Coge una silla y se sienta.)*

ÉL.— Ven. Siéntate.

*(*GLORIA *se acerca y se sienta en su regazo.)*

ÉL.— Dame eso.

*(*GLORIA *le da el cuello roto de la botella.* CAPITÁN *se lo coge con cuidado y lo pone sobre la mesa. Saca un pañuelo y se lo ata a la muñeca que sangra levemente.)*

GLORIA.— Llevas días sin aparecer.

AGENTE.— Dile que le has echado de menos.

GLORIA.— Te he echado de menos.

MUJER.— Dile que cuando se va, no dejas de pensar en él.

AGENTE.— Dile que cuando se va, piensas que ya no volverá.

MUJER.— Dile que te gusta que se preocupe por ti.

AGENTE.— Dile que...

GLORIA.— ¡Dejadme en paz!

(Pausa. GLORIA y CAPITÁN se miran.)

ÉL.— ¿Cuántos son ya?

(Pausa.)

GLORIA.— Ha habido un cambio.

ÉL.— ¿Cuál?

GLORIA.— Ahora los veo.

ÉL.— ¿Ah, sí?

GLORIA.— Sí.

ÉL.— ¿Los estás viendo en estos momentos? *(GLORIA asiente.)* Toma. *(Cogiendo el bote de pastillas. Lee la etiqueta.)* Ziprasidona. Creo que te irá mejor.

GLORIA.— A veces hasta los llego a sentir.

ÉL.— Debe ser el hambre, estás pálida.

GLORIA.— Quizá lo que me falta es salir. Quiero decir... Que me dé la luz. Un poco.

ÉL.— Te prepararé algo. Además, no conviene tomarte el medicamento con el estómago vacío.

GLORIA.— ¿Mal día en el trabajo? Tienes sangre en la camisa.

ÉL.— ¿Quieres tortilla o prefieres una hamburguesa?

GLORIA.— Y los rasguños del cuello no te los he hecho yo.

ÉL.— Di, ¿qué prefieres?

GLORIA.— Ha habido otra, ¿verdad? ¿Quién? ¿No me lo quieres contar? *(Con ironía.)* ¿Tienes miedo de que me vaya de la lengua, de que se lo cuente a alguien? Anda, cuenta. *(ÉL niega con la cabeza.)* ¿Por qué no?

ÉL.— *(Con ironía.)* Porque estando contigo, tengo la sensación de que nunca estamos solos.

GLORIA.— Muy gracioso. No hace falta que me lo cuentes, te conozco, las ves caminando por la calle, y ya tienen que ser tuyas. Es pura fijación.

ÉL.— Anda, bájate. ¿Quieres comer o no?

GLORIA.— *(Abrazándose a él.)* Cariño, bendita sea tu fijación. Esa obsesión es lo que nos ha juntado a los dos. Cuando miro atrás, a mi secuestro, solo veo un acto de salvación, no puedo verlo de otra manera. Me transformaste. ¿No soy yo tu ninfa? De esa vida anterior no queda ni rastro. Mi mundo eres tú. Yo solo quiero estar a tu lado, siempre junto a ti. *(Le besa.)*

ÉL.— Dime una cosa, ¿por qué no te he matado antes?

GLORIA.— *(Sonríe.)* ¿Quién te va a adorar si no?

ÉL.— ¿Y el día que me canse?

GLORIA.— *(Sacando la pistola de su pistolera.)* No hay nada mejor que ocho gramos de plomo volando a trescientos cuarenta metros por segundo para abrirte la mente. Como tú has dicho siempre. *(Se apunta en la frente.)* Con el cañón apoyado sobre la piel. *(CAPITÁN le quita la pistola.)* Yo sueño con eso. ¿Sabes cómo acaba el sueño? Oigo el disparo y me despierto. Lo curioso es que, despierta, lloro lágrimas que huelen a pólvora. Debe ser una alucinación. Eso sí, me despierto siempre con una incógnita.

ÉL.— ¿Cuál?

GLORIA.— Si la frente que lleva la estrella de Hoffman es la tuya o la mía.

ÉL.— *(Se pone la pistola en la frente.)* Nada mejor que un tiro para despertar, ¿verdad? *(Pausa.)* ¿Sabes? También tengo la sensación a veces de querer acabar con todo. *(Cierra los ojos y hace como que va a disparar.)*

GLORIA.— *(Le aparta la pistola de la cabeza.)* No digas eso. ¿Por qué lo dices? ¿No habrás hecho alguna tontería? ¿No estarías borracho? ¿Estabas borracho? ¿La has dejado con vida?

ÉL.— *(Levantándose.)* No.

GLORIA.— ¿Qué has hecho con el cuerpo?

ÉL.— *(Guardándose la pistola.)* Nadie la encontrará.

GLORIA.— No te puedes fiar, acabarán localizándola, descubrirán tus huellas, te detendrán, será el fin de nosotros.

ÉL.— Eh, que soy el Capitán. En la vida me van a descubrir.

GLORIA.— ¿Cómo puedes estar tan seguro?

ÉL.— ¿Quién controla el departamento? ¿Quién maneja los expedientes?

GLORIA.— Tú.

ÉL.— ¿Quién se asegura de que las investigaciones acaben en un callejón sin salida?

GLORIA.— Tú.

ÉL.— ¿Quién se asegura de que el paradero de todas sea un misterio?

GLORIA.— Tú.

ÉL.— Y prueba de ello...

GLORIA.— Tú.

ÉL.— No, tú. (GLORIA *agacha la cabeza y se queda en silencio.*) ¿Qué te pasa?

GLORIA.— Nada.

ÉL.— ¿Ya estas otra vez con lo mismo?

GLORIA.— No tiene por qué ser así.

ÉL.— No, no tiene por qué ser así, pero es así. *(Enfadado.)* ¿Te crees que la única víctima aquí eres tú? ¿Pero tú eres tonta o qué te pasa? Y yo, ¡¿qué?! Tanto que te gusta darle vueltas a las cosas ¿tú has pensado en mí? ¿Tú has pensado en *mi* libertad? (GLORIA, *asustada, asiente tímidamente.*) ¿Ah, sí? ¿Y te crees que hago lo que me da la gana? ¿Que lo que hago es porque yo lo he decidido así?

GLORIA.— Yo solo quería...

ÉL.— *(Enfurecido.)* ¡¿Qué quieres, Gloria?! ¡¿Qué es lo que quieres?! Todos queremos algo, ¿verdad? Pero no siempre se puede tener todo lo que uno quiere. El mundo no está hecho así. La vida va de raptos, ¡¿crees que yo no lo estoy?! ¡¿Raptado?! ¡¿Maniatado por este deseo que llevo dentro?! ¿Tú qué te crees, que lo que yo quiero, lo que yo deseo, lo deseo porque así lo he elegido? Dime, ¿por qué deseo una cosa y no lo contrario? ¿Cómo explicas eso? ¿Te crees que puedo desear lo que se me antoja, que puedo elegir los deseos que yo quiera ¡o que los puedo cambiar por otros a la carta cuando me sale de los santos cojones!? A ver si te entra en la cabeza, ¡yo aquí no decido nada! ¡Nadie decide nada! Nadie elige los deseos que tiene, como tampoco se elige ser lo que se es al nacer. Aquí no hay dios que mande, son ellos los que nos gobiernan y sobre ellos no hay control. Esa es la enfermedad que llevamos dentro, que no somos libres, no se cura, y el que crea lo contrario es subnormal. ¿Tú eres subnormal? (GLORIA *niega con la cabeza.*) Pues lo pareces. Necesito un trago. *(Sacándose un cigarro.)* Por un lado está lo que uno quiere, por otro, lo que uno consigue con su querer, ese es el querer que vale, el que hace que pasen cosas. Lo otro son milongas. Te guste o no, es lo que hay. *(Se enciende el cigarro.)* Eso sí, *presumimos* de ser libres, de hacer lo que se nos antoja, pero la verdad es que no tenemos elección. La evidencia está en las calles, lo sé porque lo veo todos los días. Cuando alguien se salta la ley y le abro un expediente por robo, por asesinato, y lo tengo sentado delante de mí en la comisaria, yo veo una víctima más. Le miro a la cara y reconozco el deseo. Un deseo de verdad, con facultad, con cojones, y te juro, si no hay rastro de arrepentimiento y le brillan los ojos, si le miras de cerca y te fijas bien, puedes ver que es el deseo mismo el que te devuelve la mirada, puro, primario, complacido con los hechos, hasta presuntuoso te diría yo; y es tal su estado de exaltación que se hace incontestable, incontestable, y no hay nada en la persona que lo hubiese podido reprimir, nada, ni la duda ni el miedo ni la culpa ni doctrinas ni ética ni nada de nada, ni siquiera el supuesto veto a la voluntad. ¿Veto a la voluntad? Pero qué cojones. Un engaño. Un invento para hacernos creer que somos libres y para que los jueces dicten sentencias. ¡Culpable! Mamarrachos. *(Dirigiéndose a* GLORIA.*)* Los deseos de verdad son los que mueven el mundo, son indomables y no hay fuerza o veto que valga, razón por la cual, señorita letrada, debería considerarse siempre como circunstancia atenuante, el sujeto quedar absuelto e inmediatamente ser puesto en libertad. ¿Pondrías a una marioneta en el banquillo de los acusados? No, ¿verdad? ¿Quiere mi veredicto? Pues verá, es... absurdo. Ab-sur-do. Veredicto irrefutable e inapelable. La verdad es que vivimos en una realidad fracasada y no hay nada que hacer. Necesito un trago. *(Hace ademán de marcharse.)*

GLORIA.— Una siempre puede soñar.

ÉL.— *(Con tono burlón y despreciativo.)* ¡Ahora, puestos a soñar, soñemos! ¡Soñemos un mundo nuevo, un mundo sin parangón, de categoría, de libertad! ¿Cómo soñar ese mundo? ¿Sabrías cómo hacerlo, Gloria? Verás, es sencillo. Se empieza por prohibir la prohibición, así damos rienda suelta al caos, pero con una condición, solo existe la existencia, abolimos la extinción, así, de un plumazo. Ser o ser, no habría otra opción. Existencia imperecedera, pero, ojo, no he dicho abolir la muerte, he dicho abolir la extinción, la muerte se queda, no le vamos a quitar gracia al asunto, ¿me sigues? Pero a cambio de mantener la muerte, y aquí viene el toque de maestría, instauramos la resurrección, ¿qué te parece? Pero la del cuerpo, la del cuerpo entero, resurrección con pelos y señales, y al instante. Muertes por doquier, como lo que tenemos ahora, pero añadimos resurrección, resurrección garantizada al instante, para qué esperar, y además en serie, muerte-resurrección, muerte-resurrección, *ad infinitum*. Mira, *(Enseña el brazo.)* se me ponen los pelos de punta. El universo de los deseos desatados, de todos, de todos los que te puedas imaginar, deseos oscuros, nobles, perversos, deseos poéticos, horribles, bellos, todos y cada uno proliferando sin censura y sin cesar. Libres de verdad. ¿Te lo imaginas? *(Ensimismado.)* Nadie persiguiéndote por la falta de escrúpulos porque no habría consecuencias que uno pudiera lamentar, porque habría siempre restitución; nadie para recriminarte nada porque no habría daños ni damnificados, ni habría motivo alguno para la justicia porque habría siempre siempre siempre resurrección. *(Sale de su ensimismamiento.)* Pero para eso hay que violar las leyes de la física, y a tanto no llego. Ahora dime qué prefieres, tortilla o hamburguesa. Elije.

GLORIA.— No sé si seré capaz.

ÉL.— ¿Elijo yo por ti?

GLORIA.— Hamburguesa.

ÉL.— *(Mira a su reloj.)* Pues va a ser tortilla. Se ha hecho tarde.

GLORIA.— Puestos a soñar. No te vayas. *(Agarrándose a él.)* Dijiste que un día de estos me sacarías de aquí.

ÉL.— Cuando haya pasado tiempo suficiente.

GLORIA.— Diez años.

ÉL.— Ya sabes, no queremos...

GLORIA.— ... no queremos levantar sospechas, ya sé. Quiero hamburguesa.

ÉL.— Se ha hecho tarde, te he dicho. Además, estoy cansado.

GLORIA.— *(Abrazándose a él.)* Deja que suba y lo haga yo por ti. Quiero ayudarte, serte útil. Déjame subir, y cuando te canses de mí, me mandas de vuelta, al sótano.

ÉL.— Suéltame.

GLORIA.— Seré obediente, te lo prometo. Bajaré siempre que me lo pidas.

ÉL.— He dicho que no.

GLORIA.— ¡Quiero subir!

ÉL.— ¿Ves como no puedo fiarme de ti?

GLORIA.— *(Se abraza a él con fuerza.)* No me dejes. Volvamos a hacerlo. Como el primer día. ¿Quieres? Como a ti te gusta. *(Poniendo voz de niña. Haciéndose la agredida.)* No, por favor, no me haga daño, señor.

ÉL.— Suelta.

GLORIA.— *(Con voz normal.)* Mostrando miedo, como a ti te gusta. *(Con voz de niña y mostrando miedo.)* Tengo miedo, señor. Mucho miedo. *(Intentando cogerle la pistola.)* No, no, por favor, con la pistola no.

ÉL.— Estate quieta.

GLORIA.— *(Con voz normal.)* Pónmela aquí, en la frente. *(Con voz de niña.)* No me viole, señor. Quiero irme a casa, quiero ver a mi madre.

ÉL.— ¡Para!

GLORIA.— *(Con voz de niña.)* Y si no me deja marchar, máteme, señor. *(Con voz normal.)* ¡Mátame!

ÉL.— ¡He dicho que pares! ¡Qué pretendes, ¿humillarme?!

(Consigue soltarse de ella, a la vez que GLORIA logra arrebatarle la pistola. Se aparta de él y le apunta con ella.)

GLORIA.— ¡Quiero mi libertad! ¡Quiero salir de aquí!

ÉL.— Dame la pistola.

AGENTE.— Dispárale, Gloria.

GLORIA.— Abre la puerta.

ÉL.— Devuélvemela.

MUJER.— No lo pienses, ¡dispara!

AGENTE.— ¡Dispara!

GLORIA.— ¡Abre la puerta!

ÉL.— Está bien. Tranquila. *(Se acerca lentamente a la puerta y con la llave la abre.)*

104

GLORIA.— Ahora, apártate.

ÉL.— *(Apartándose de la puerta.)* Adelante. Ya se puede usted marchar.

(Se oye a lo lejos el grave zumbido de un órgano. GLORIA mira la salida con temor. Se queda inerte.)

MUJER.— ¿Gloria?

AGENTE.— *(Respira con dificultad.)* Siento escalofríos.

ÉL.— ¿No se encuentra usted bien?

GLORIA.— Siento que la tierra se hunde bajo mis pies.

ÉL.— Es la sangre.

GLORIA.— *(Se tambalea.)* ¿Sangro?

ÉL.— No, lo que se le cae a los pies.

MUJER.— *(A GLORIA.)* Aprieta el gatillo.

ÉL.— Se le desvanecen los colores del rostro cuando le dan episodios.

MUJER.— *(A GLORIA.)* Aprieta fuerte.

ÉL.— *(Señalando la silla.)* Tome, siéntese.

GLORIA.— No se mueva.

AGENTE.— *(Temblando. Se abraza, murmurando la misma frase, una y otra vez.)* Nacer es el mayor secuestro, nacer es el mayor secuestro...

MUJER.— *(Llora.)* Por el amor de Dios, dispara.

(GLORIA va a disparar.)

ÉL.— ¿Es usted Gloria Mae Koreson?

GLORIA.— ¿Cómo?

ÉL.— *(Acercándose a ella lentamente.)* ¿Hija de Francisco y Demetria Koreson? La última vez que la vieron fue en el año 2013, saliendo del instituto. ¿Se acuerda? La están esperando.

GLORIA.— ¿Me puedo ir?

ÉL.— Ya se puede usted marchar.

GLORIA.— Ansiaba oír esas palabras, ¿son suyas?

ÉL.— *(Acercándose a ella cada vez más.)* ¿De quién van a ser si no? Tranquila, yo la acompaño, pero antes me tiene que dar la pistola. *(Alcanza la mano de GLORIA para coger la pistola.)* No se vaya a hacer daño.

*(*MUJER *llora desconsoladamente. De pronto, en un arrebato de ira,* AGENTE *agarra la silla y la tira contra la pared. Todos se asustan y se quedan atónitos.)*

MUJER.— ¡Corre, Gloria!

AGENTE.— ¡Huye!

*(*GLORIA *sale corriendo hacia la puerta.* CAPITÁN *la agarra, impidiendo que salga y le quita la pistola. El zumbido del órgano se intensifica.* AGENTE *y* MUJER *deciden a la vez asaltar a* CAPITÁN, *mientras los objetos se elevan voluntariamente, volando por los aires y estampándose contra la pared.* GLORIA *logra zafarse en medio de la insurrección y del caos.* MUJER *consigue quitarle la pistola a* CAPITÁN *y se la lanza a* GLORIA, *quien la coge al vuelo, apunta a* CAPITÁN *y dispara.*

En ese momento, el vendaval asombroso y sobrenatural se detiene repentinamente. El zumbido del órgano deja de sonar. Calma. Gloria *mira a su alrededor y ve que* Capitán *y ella están solos.* Agente *y* Mujer *han desaparecido.)*

Él.— *(Asombrado, herido y desorientado.)* ¿Qué fuerzas son esas?

Gloria.— Es la fuerza de mis ilusiones.

*(*Gloria *se acerca a él y le dispara en la frente.* Capitán *cae muerto.* Gloria *se agacha y le toca para cerciorarse. Después, sale corriendo por la puerta y sube por las escaleras al piso superior.)*

ESCENA VII

Salón-comedor de la casa. Espacio amueblado con exquisito detalle. Al fondo, un gran ventanal con las persianas bajadas. La luz de un día brillante se cuela por las rendijas. A la izquierda se sitúa la puerta que da entrada a la casa y a la derecha del ventanal, en la pared contigua, una estantería de libros. De pronto, una parte estrecha de la estantería, que da paso al sótano se abre y aparece GLORIA *con la pistola en la mano. Se acerca a la ventana y, al subir las persianas, es tal la intensidad de la luz que la obliga a taparse los ojos y darse la vuelta. Poco a poco la luz va menguando y con los sonidos de un plácido día primaveral la vista del gran ventanal se va aclarando.* GLORIA *se gira y se asombra con tanto esplendor y color.*

El césped que hay delante de la ventana se extiende, verde cristalino, hacia una calle residencial despreocupada, donde las hojas de los árboles destellan, la gente pasea y niños montan en bici, haciendo sonar el timbre. En la acera de enfrente, en la distancia, una mujer poda las rosas delante de su casa. Se quita el sombrero para secarse el sudor de la frente.

GLORIA.— *(Llora.)* Madre.

*(*GLORIA *corre hacia la puerta, la abre y sale al exterior. A través del gran ventanal la vemos alejarse, caminando sobre*

el césped, pistola en mano, exhausta, mareada, llamando a su madre a media voz. Cuando la mujer la ve, sale corriendo hacia ella, cruza la calle y se abraza a su hija. Ambas lloran desconsoladamente, apenas se mantienen en pie de la emoción. La gente se acerca, alertada por los llantos, y se agrupa a su alrededor. Un hombre la coge en brazos mientras otro le quita la pistola de la mano, se aleja del grupo acercándose con cautela al gran ventanal y se asoma al interior.)

Oscuro.